Edgar Istel

Mahlers Symphonien

 VERO Verlag

Edgar Istel

Mahlers Symphonien

ISBN/EAN: 9783737200943

Auflage: 1

Erscheinungsjahr: 2014

Erscheinungsort: Norderstedt, Deutschland

Hergestellt in Europa, USA, Kanada, Australien, Japan
Vero Verlag in Hansebooks GmbH

Cover: Foto ©Christian Seidel / pixelio.de

Mahlers Symphonien

Erläutert mit Notenbeispielen

von

**Dr. Edgar Istel, Ludwig Schiedermair,
Hermann Teibler** und **Dr. Karl Weigl**

nebst einer Einleitung:

Persönlichkeit und Leben Gustav Mahlers

von

Dr. Edgar Istel

———————◇———————

Berlin
Schlesinger'sche Buch- und Musikhandlung
(Rob. Lienau)
Wien. C. Haslinger qdm. Tobias

Gedruckt bei
E. Haberland in Leipzig-R.

Inhalt

Vorbemerkung

In diesem „Meisterführer" zu den 8 Symphonien von Gustav Mahler sind die ästhetisch-musikalischen Erläuterungen aus der „Schlesinger'schen Musik-Bibliothek" aufgenommen. Sie stammen von verschiedenen Schriftstellern und sind ohne Rücksicht auf die vorliegende Zusammenstellung geschrieben. So erklären sich Wiederholungen und wohl auch Widersprüche in den einzelnen Abschnitten. Vielleicht ist es aber gerade interessant, mannigfache Meinungen über den vielumstrittenen Symphoniker Mahler in einem Bändchen vereinigt zu sehen.

Die Verlagshandlung.

Zur Einführung

Persönlichkeit und Leben Gustav Mahlers

Wie man sich auch zur Kunst Mahlers stellen mag, das eine ist gewiß: die Persönlichkeit ist von so faszinierender Art, daß jeder, der in seine Nähe gerät, unwillkürlich in ihren Bann gezogen wird. Und doch, selbst denjenigen, die Mahler näher kennen zu lernen das Glück hatten, muß dieser seltsamste aller modernen Musiker in gewisser Hinsicht immer ein Rätsel bleiben. Mahler hat in seinem Wesen etwas eigentümlich Mystisch - Dämonisches — etwas E. T. A. Hoffmannisch-Kreislerisches — und er erscheint geradezu als die Inkarnation des Geistes leidenschaftlichster Musik.

Mahler ist der geborene Feldherr, doch der sieghafte, fast napoleonische Zug ist nur ein zunächst ins Auge fallender, aber sicherlich nicht ausschlaggebender Bestandteil seines Wesens. Mahler, der eine ungeheure Suggestionskraft besitzt und diese in einer Machtstellung, wie sie wenige Musiker vor ihm je besessen, oft in geradezu rücksichtsloser Weise ausgeübt hat, legte dieses Gewicht seiner Persönlichkeit und Stellung doch nie anders als aus rein sachlichen, völlig unpersönlichen Motiven in die Wagschale. Ihm war stets das bedeutende Kunstwerk, gleichgültig welchen Stils und welcher Epoche, die Hauptsache, und nur um dieses Kunstwerk so ins Leben zu rufen, wie es seinem geistigen Auge in höchster Vollendung erschien, hat

Mahler seine ganze Kraft eingesetzt. Er ist eine Erscheinung, deren Reiz gerade in unendlicher Mannigfaltigkeit, in einem Wechsel oft heterogenster Stimmungen beruht. Und wie sein Wesen, so ist auch seine Kunst.

Mahler ist vornehmlich auf symphonischem Gebiete tätig gewesen: acht Symphonien — daneben sind von Bedeutung nur noch eine Reihe von Liedern und Orchestergesängen — hat er bis zum Jahre 1910 veröffentlicht, und sie betrachtet er als sein Lebenswerk. Daß diese acht Symphonien alle gleichwertig seien, kann auch der bewundernde Anhänger des Meisters nicht behaupten: eine Zeitlang schien es sogar, als ob Mahler der Schablone verfallen sei; das war wohl in den Zeiten seiner angestrengtesten Tätigkeit als Wiener Hofoperndirektor, wo die übermenschliche Arbeitslast des Winters noch auf den schaffensfrohen Sommertagen lastete. Aber seitdem sich Mahler von der Knechtschaft des Amtes freigemacht, hat seine schöpferische Kraft ersichtlich einen Aufschwung genommen, der für die weitere Zukunft des erst 50jährigen Mannes noch manch Herrliches erhoffen läßt. Mahler, von seinem Lehrer Bruckner stilistisch beeinflußt, hat vor diesem die formale Konzentration voraus. Die Feststellung, daß sich seinen ein Pandämonium höllischer Geister und doch wieder zarteste Himmelsklänge enthaltenden Werken ein Element beimischt, das zweifellos als „jüdisch" zu charakterisieren ist, kennzeichnet nur deren Eigenart, bedeutet aber nicht im geringsten eine Verminderung ihrer Wertschätzung. Viel eher müßte eine solche eintreten, wenn nachzuweisen wäre, daß Mahlers Schaffen nur seinem gewaltigen Willen, nicht aber einem inneren Müssen entspränge. Doch dem ist nicht so, obwohl manchmal der Anschein dagegen sprach. Denn sein Wille ist durch ein wunderbares Ethos verklärt, dessen Kraft vielleicht doch die gewaltigste Macht in Mahlers Persönlichkeit darstellt. Der Eindruck absoluter Ehrlichkeit und Offenheit ist es, der diesem Mann nicht nur Bewunderung, sondern — was viel mehr heißen will — Gefühle der Liebe zuführt.

Mahler ist nichts im Leben leicht geworden. Er hat musikalisch von unten auf gedient und unaufhörlich um seine Stellung kämpfen müssen. Die Worte „Protektion", „Clique", „persönliche Gefälligkeit", sie standen nie in seinem Wörterbuch. Er konnte sich nur auf sich und seine eigene Kraft verlassen, während über andere sich das Füllhorn des Glückes ergoß. Aber hatte er erst einmal einen festen Punkt gewonnen, an dem er den Hebel einsetzen konnte, dann stand er auch wie ein „rocher de bronce" inmitten der ihn umtobenden Wogen der Öffentlichkeit.

Die äußeren Linien seines Lebensganges *) können in wenigen Strichen skizziert werden. Am 7. Juli 1860 in dem kleinen böhmischen Orte Kalischt geboren, bezog er nach Absolvierung des Prager Gymnasiums die Wiener Universität; gleichzeitig studierte er am Wiener Konservatorium. Damals trat er auch Anton Bruckner nahe. Nachdem er sich von 1870 ab an kleinen Theatern (Hall, Laibach, Olmütz) eingeübt, kam er 1885 nach Kassel, von wo ihn 1887 Angelo Neumann zum ersten Male in eine leitende Stellung nach Prag brachte. In weiteren Kreisen wurde sein Name erst bekannt, als er Artur Nikisch an der Leipziger Oper als Dirigent vertrat, und 1888 war er, der nicht nur als Dirigent, sondern auch als Organisator eine Kraft allerersten Ranges bedeutet, zum Direktor der Budapester Hofoper ernannt. Nach einem Konflikt mit der chauvinistisch-magyarischen Intendanz, der seine Vorliebe für deutsche Kunst unangenehm wurde, verließ er 1891 Budapest, um erster Dirigent der Hamburger Oper zu werden. Von dort kam er 1897 als Kapellmeister ans Wiener Hofoperntheater, dessen Direktor er bereits im folgenden Jahre wurde. Zehn Jahre dauerte die glanzvolle Ära Mahler, die erbitterte Feindschaften, aber ebenso überschwängliche Bewunderung hervorrief. Im Jahre 1908 legte dann Mahler endgültig das Amt nieder, um sich fortan mit Ausnahme einer kurzen Wirksamkeit in Amerika seinem eigenen Schaffen zu widmen. Warum

---

*) Eine ausführliche Biographie Mahlers von Paul Stefan wird im Herbst 1910 bei Piper & Co. in München erscheinen.

er Wien verließ, hat er mir einmal kurz bezeichnet: er
meinte, an der inneren Unmöglichkeit, Werke der darstellen-
den Kunst zu monumentalisieren, sei er gescheitert. „Wenn
ich mir die allergrößte Mühe gegeben hatte, eine vollendete
Vorstellung zu erzielen", — so etwa lauteten seine Worte
— „mußte ich schon bei der Wiederholung mit ansehen, wie
allmählich das Beste abbröckelte; die dritte, vierte und fünfte
Aufführung verschlechterte sich zusehends, und es war mir
keine Möglichkeit gegeben, innerhalb des Repertoirebetriebs
soviele Proben zu halten, als zur Aufrechterhaltung des
Niveaus, das ich für entsprechend hielt, notwendig gewesen
wären".

Ja, die Mahlerschen Proben — man muß sie miterlebt
haben, um zu wissen, wie eisern dieser Mann zu arbeiten
versteht. Es gibt bei ihm nichts Nebensächliches. Sein aufs
feinste entwickelter, raffinierter Klangsinn hört selbst im
Fortissimo des Gesamtorchesters die verborgenste Mittel-
stimme. Und er selbst kann sich bei seinen eigenen Werken
nicht genug tun in fortgesetzten Instrumentalretuschen, um
jeden einzelnen Takt in so idealer Vollendung, wie sie sein
inneres Ohr verlangt, zu Gehör zu bringen. Äußerste Anspan-
nung, die ihn selbst charakterisiert, verlangt er auch von dem
Orchester, und doch hat jeder der Mitwirkenden das Gefühl,
daß jener Mann nur das absolut Notwendige verlange. Diese
Überzeugung ist es, die selbst in den körperlich ermüdendsten
Proben einen Geist des Enthusiasmus wachhält, der auch
die größten Schwierigkeiten gleichsam spielend überwinden
läßt. Dazwischen fallen neben gelegentlichen Schroff-
heiten liebenswürdige humoristische Bemerkungen, sar-
kastische Seitenhiebe auf die musikalische Öffentlichkeit,
technische Belehrungen aller Art und authentische Interpre-
tationen der Werke. Eine Äußerung dieser Art, die in
München bei den Proben zur 7. Symphonie fiel, möge hier
wiedergegeben sein, weil sie die von Mahler auch in früheren Symphonien gern verwendeten Herdenglocken betrifft.
Mahler bemerkte, daß Publikum und Kritik anscheinend
den Sinn dieser Klangfarbe bisher nicht begriffen.

Es kommt ihm durchaus nicht darauf an, mit den Herdenglocken irgendwie tonmalerisch das Bild einer Kuh- oder Schafherde dem Hörer vorzuzaubern. Er will vielmehr damit nur ein ganz aus weitester Ferne erklingendes, verhallendes Erdengeräusch charakterisieren. Jene Stelle seines Werkes erscheint ihm so, als ob er auf höchstem Gipfel im Angesicht der Ewigkeit stehe. Und wie dem auf Bergeshöhe Wandelnden als letzter Gruß lebender Wesen nur noch der verklingende Ton fern weidender Herden herauftönt, so erscheint ihm auch jener Klang als einzig geeignet zur Symbolisierung weltferner Einsamkeit.

Aus dieser Äußerung sieht man, in welchem Geiste Mahler seine Werke schafft. Nicht der laute Tageserfolg, mag er ihn auch brausend umtoben, nicht Ruhm, Ehre und Gold, die so oft auch dem Unwürdigen in den Schoß fallen, sondern einzig die Verwirklichung seines künstlerischen Ideals ist es, was ihm erstrebenswert erscheint.

Und eben jenes Streben nach einer bei seinen gewaltigen Ansprüchen vielleicht nie erreichbaren idealen Höhe ist ihm wohl das Wertvollste seines Erdendaseins. Wie Lessing einst sagte: wenn ihm Gott die Wahl ließe zwischen ewigem Streben nach Wahrheit und dem Besitz der Wahrheit selbst, so wolle er unbedingt das Erstere vorziehen, — so mag auch Mahler, der keinen Augenblick genügsamen Ausruhens in seinem Leben kennt, das Streben zur Höhe seines Ideals wertvoller dünken, als dessen zufriedener Besitz.

Dr. Edgar Istel.

Gustav Mahler

Erste Symphonie in D-dur

Erläutert von Ludwig Schiedermair

———

Die Besetzung des Werkes ist: Streichorchester, 3 Flöten,
Piccolo, 3 Oboen (3 abwechselnd mit Englisch Horn), 4 Klari-
netten, 3 Fagotte, 7 Hörner, 4 Trompeten, 3 Posaunen, Tuba,
Harfe und Schlagwerk: 2 Pauken, große Trommel, Triangel,
Becken, Tamtam.

I.

Langsam. Schleppend. (D-moll, D-dur. ⁴/₄ Takt,

¢ Takt.)

Ein Orgelpunkt in *a*, pianissimo von den Streichern
gebracht, versetzt uns in eine Stimmung, die den Menschen
nach langen Wintertagen durch den goldigen Sonnenschein
überfällt. Schleppend trägt die Oboe das Motiv vor, unterstützt von den beiden Fagotts:

Dieses Intervall der Quarte ist für den weiteren Verlauf
der Symphonie von grosser Bedeutung. Es kehrt immer
wieder, bald in Mittelstimmen, bald in Fortschreitungen.
Die thematische Führung nimmt nun bestimmtere Gestalt
an und ein Teil der Celli und Bässe bringt das bereits be-
wegtere Thema:

Und nun kommt „sehr gemächlich" im weichen D-dur-Klang
(₵-Takt) das Hauptthema geschritten. Sämtliche Celli
übernehmen dasselbe, von den Hörnern, dem 1. Fagott und
der Bassklarinette begleitet:

Während der Verarbeitung dieses Themas gleitet das Pianissimo allmählich in forte über, das Zeitmass steigert sich
und zieht in frischem, belebten Zuge dahin. Jetzt kehrt
das Hauptthema wieder, doch dieses Mal in A-dur, aufgenommen von den Hörnern und Violinen, umrankt von reizvollen, von den Holzbläsern gebrachten Motiven:

Ueber dieser und der nun folgenden Durchführung schwebt
ein Orgelpunkt in *a*, gleich als wollte er uns auf ferne

Schicksale hinweisen. Leise verhallt dieser, die alte Taktart: $^4/_4$ kehrt wieder, die Flöte bläst zierlich das Holz-
bläserthema (3), die Celli verkünden jenen Quartenschritt
von *e* nach *a*, jedoch in der Umkehrung (1). Und nun
setzt eine Vermischung, ein Untereinanderwerfen der verschiedenen Motive ein, bald zum dionysischen Aufjauchzen
sich erhebend, bald in zartes Sinnen versinkend. So treten
gleich zu Anfang die Themen 1 und 2 gemeinschaftlich auf,
ersteres von Oboe und Klarinette, letzteres von der Harfe
vorgetragen:

Noch immer zieht sich der Orgelpunkt *a* weiter, von den
Violinen, von den Hörnern, gehalten, noch immer schwebt
über dem Ganzen der zarte Hauch des Pianissimo. Ein
Uebergehen in Des-dur bringt in die Stimmung ein anderes
Moment herein. Da singen die Flöten:

während sich die Violinen reizvoll abheben:

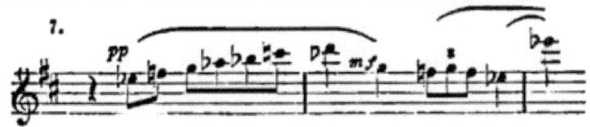

doch immer tauchen noch bald hier, bald dort die früheren
Motive auf, zum Teil verkleinert und gekürzt, zum Teil erweitert und verarbeitet. Fagotts, Posaunen, Celli und Bässe
flüstern jetzt:

X. 2

und leiten zu einer grandiosen Steigerung über, zu dem nun in strahlendem Glanze schimmernden, im Gegensatz zum Anfang der Symphonie gestellten Orgelpunkt in *a*. Mächtig ertönt das Thema 3, dem sich die Figuren von 4 hinzugesellen. Der Quartenschritt von *d* nach *a* löst das Fortissimo ab, nur mehr die Pauke dröhnt:

Auch diese schweigt nach zwei Takten, eine allgemeine Stille und Ruhe tritt ein, ein Wechsel zwischen Fortissimo und lautlosem Schweigen, der sich wiederholt, bis endlich in vollem D-dur das volle Orchester den Satz abschliesst.

II.

Kräftig bewegt. (¾ Takt. A-dur.)

H. Geisler hat diesen zweiten Satz in folgender Weise erklärt*): „Ein lustiges Beisammensein der Landleute deutsch-österreichischer Herkunft scheint sich im 2. Satze anzukündigen mit seiner hemdärmeligen Derbheit, der gemütlichen Umwertung dieses kräftigen Dreivierteltaktes aus dem „Scherzo“ in den Walzer- und Ländler-Charakter. „Schalltrichter auf!“ schreibt der Komponist den Hörnern vor. Zu den Verkannten, Undurchsichtigen wird dieser Satz am wenigsten zu rechnen sein.“ Doch folgen wir dem Tondichter selbst.

Cello und Bass beginnen mit kräftigen Rhythmen, die Violinen steigen mit einem Auftakt zum *e* empor, wieder-

---

*) „Neue musik. Presse“ 8. Jahrgang, No. 1.

holen diese Figur und bringen dadurch eine im Ländlerton gehaltene „Stimmung" hervor:

Es währt nicht lange und die Holzbläser entwickeln das Hauptthema, eine Melodie, die hierauf von den Streichern aufgenommen wird:

Diesem Ecksätzchen steht ein rhythmisch interessantes Mittelstück zur Seite, das die beiden ersten Motive (10 und 11) verarbeitet. So erscheint zuerst ein Teil des hüpfenden Themas (11) in den Holzbläsern:

des weiteren das Motiv 10 in den Hörnern, während die Violinen und dann die Klarinetten und Fagotts sich in reizvollen Figuren ergehen:

Nun schreitet das Stück nach Cis-dur und überlässt den Violinen das Thema (10).

Auf dem Orgelpunkt (auf Cis) ringen sich die Violinen empor:

Wir finden hier eine Vermischung des Scherzo- und Länd-
lerstils. Zu beachten ist, dass der Tondichter dies auf
natürliche, ungesuchte Weise erreicht. Nach der Erweiterung des Themas 15 auf dem Orgelpunkt sinkt letzterer
nach *c* und *b*, zuletzt nach *a*, und leitet so zum Anfang
über. Diese Wiederholung des Ecksätzchens vollzieht der
Tondichter in durchaus abwechslungsreicher Weise. Den
Uebergang zum „T r i o" bildet ein kleines Rezitativ des
ersten Horns:

„Recht gemächlich, etwas langsamer als zu Anfang" im
Zeitmass singen die Violinen, vom Cello begleitet:

Im 5. Takte setzt bedächtig die Oboe mit einem leichthin hüpfenden, herzigen Liedchen ein:

Die Flöten antworten und stellen die Verbindung zu den ersten Themen (17 und 18) wieder her. — Auch das Trio hat wieder sein Mittelsätzchen in G-dur. Die Celli bringen das Gesangsthema:

Frisch „musizieren" die Flöten:

Im leisesten Piano verklingen diese reizvollen Melismen und wieder ist das Horn in Oktavgängen (von *e* zu e) der Vermittler zum Ecksatz des Trios. In glänzender Weise wird dieser verdichtet, variiert und originell gestaltet. Mit einem scharf abgerissenen A-dur-Accord erreicht der zweite Satz sein Ende.

III.

Feierlich und gemessen, ohne zu schleppen.
($^4/_4$ Takt, d-moll.)

Während die Melodik und Harmonik des 2. Satzes in harmloser Heiterkeit schimmert, teils in Oktavsprüngen, teils in Triolen und Achteln rhythmisiert ist, und die Schritte der Sekunde oder kleinen Terz vollzieht, kurz an die biedere Gemächlichkeit des alten Haydn erinnert, fliesst der dritte Satz um einige Grade fröhlicher, fast ausgelassen dahin. Zu beachten ist, dass der Tondichter kurz nach der Einleitung seinen Tönen die Bezeichnung „Mit Parodie" beigiebt, sowie dass er vorschreibt, Becken und Trommel von einem und demselben Musiker schlagen zu lassen, die Becken aber an die grosse Trommel anzuhängen. Die Vereinigung der beiden Schlagzeuge in der Hand e i n e s Musiker finden wir bekanntlich tagtäglich bei unseren herumziehenden Musikanten und den Spielern des gemeinhin so benannten „französischen Orchesters". Ferner verwendet der Komponist Klarinetten in *c*, bei denen der nüchterne, glanzlose Ton auffällt, und die uns angesichts der seltenen Verwendung dieser Instrumente ungewohnt erscheinen. Auch sonst hat die Instrumentation etwas absichtlich Lockeres an sich. Doch welcher Humor erfreut gerade hier uns! Es zieht Alles so natürlich vorüber, ob nun die Trompeten die Melodie übernehmen, oder die Oboen ungarische Weisen nachahmen.

Gedämpft tönen die Pauken:

Leise beginnt der Kontrabass das Thema, das dann kurz h i n t e r e i n a n d e r Fagott, Cello, Basstuba, *b*-Klarinette, Viola, Horn, Flöte, Englisch-Horn und Bassklarinette, Harfe aufnehmen. Dieses Thema lautet, an Mozart erinnernd:

Innerhalb 38 Takte entwickelt sich diese Einleitung in einem kunstvollen Gewebe von grosser Zartheit, ununterbrochen von den Pauken und Bässen, mit dem Motiv 21 begleitet.

Nach dieser Einleitung kommt „ungemein langsam“ das ungarisch gehaltene Thema der Oboen angeschritten:

Gleichzeitig bringen die zwei Trompeten ihre Melodie zum Vortrag:

Und jetzt geht das Thema der Oboen (23) auf die Violinen über, während die Trompeten ihr Liedchen beenden. Das d der Flöten, Klarinetten, Hörner und der Harfe leitet zum Mittelsatz nach G-dur über. Dieser selbst trägt die Ueberschrift: „Sehr einfach und schlicht wie eine Volksweise“ und bewegt sich ebenfalls im $4/4$-Takt. Auf der einfachen Begleitung der Celli, die die Harfe unterstützt, hebt sich nun ein entzückendes Bildchen empor, in dem jeder Ton sitzt, keine starke Modulation das Milieu zerstört. Die Holzbläser antworten ebenso sinnig und anmutig.

Schon nach 30 Takten sind diese Melismen verklungen, und der Einleitungssatz mit seinen Themen (21 und 22) setzt wieder ein, doch dieses Mal in Es-moll. Ein Schritt tiefer, in D-moll, und es wiederholt sich nun 23 und 24. Fast lautlos verklingen die einzelnen Instrumente und nahezu unmerklich schlagen noch Bass und grosse Trommel ihr *d* an. In überraschender Weise ist dieser dritte Satz zu Ende gegangen. Wie ein Traumbild längstvergessener Zeiten ist er verflogen. Noch tönen uns jene übermütigen Weisen der Oboen, jene innigen Motive der Violinen im Ohr nach, und kaum dass wir uns besinnen, ist auch schon das ganze Bild entschwunden. Es schafft Platz dem Schlusssatz, zu dem es stark kontrastiert.

IV.

Stürmisch bewegt. (F-moll, ℂ Takt.)

Auch diesem Satze ist eine kurze Einleitung vorausgeschickt. Heftigste Leidenschaft, ein Stürmen und Drängen giebt sich in ihr kund. Grelle Dissonanzen wechseln mit scharf abgerissenen Accorden ab, den Triolen stehen Synkopen gegenüber. Deutlich ragen die beiden Motive (26 und 27) hervor:

„Energisch" rafft sich nun das Hauptthema empor, das den Holzbläsern und Hörnern anvertraut ist. Bemerkenswert ist die Prägnanz dieses Themas, das im Folgenden in grandioser Weise vertieft und ausgebildet wird:

Der Tondichter setzt in der Verarbeitung des öfteren ein
Piano neben ein dreifaches Fortissimo und umgekehrt. In
imposanter Art werden Teile dieses Themas (28) weiterge-
flochten, gesteigert und zu aufwühlenden Kombinationen
verwendet. Das ganze Orchester stürmt „in grosser Wild-
heit" dahin, sinkt dann zurück in Ermattung und lässt endlich die Violinen im dreifachen Piano den Uebergang zu
einem Des-dur-Satz vermitteln, dessen seelenvolles Melos
zu Herzen dringt:

Es ist ein Gesang von einer seltenen Tiefe der Empfindung
und Ausdrucksweise, ein Bild voll der entzückendsten Har-
monieen.   Immer mehr verflüchtigen sich die Töne des
Orchesters.   Der verklärten Seligkeit folgt das Erwachen.
Wie zu Anfang, in stürmischer Bewegung, eilen die Or-
chestermassen dahin, indem bald (in den Posaunen) das
Motiv 26, bald Teile des Themas 28 auftreten.   Und wieder

wird das dreifache Fortissimo zum dreifachen Piano. Drei Klarinetten (in *c*) beteiligen sich an der Melodieführung.

Den Holzbläsern fällt es nun zu, die „Schalltrichter in die Höhe gerichtet", das breite Thema zu blasen:

Mit Wucht setzen Hörner und Trompeten mit dem Motiv 27 ein, das dann verlangsamt wiederkehrt. Als Fortsetzung dient den ersteren das Motiv 26. In dem nun folgenden D-dur-Teil finden wir eine Mischung der verschiedensten Themen und ihrer einzelnen Bestandteile; kräftig erklingt dagegen in den Hörnern, in Quarten schreitend (vgl. 1):

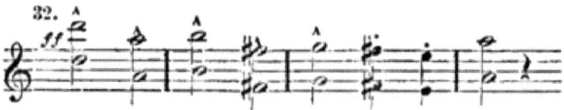

Dieses Thema wird hierauf von den Violinen im Piano aufgenommen. Mit einem Male tönt im Cello und Fagott das Thema 2 des ersten Satzes der Symphonie an unser Ohr. Auch die Figur der Holzbläser zu diesem Thema (4) schlägt noch einige Male an. Eine neue Entwicklung früherer Themen beginnt, von denen besonders 28 erkenntlich ist. Jetzt rafft sich in „höchster Kraft" der triumphierende Schluss empor, in der Haupttonart der Symphonie D-dur. Den Hörnern, die selbst die „Trompeten übertönen" sollen, ist die Hauptaufgabe zugewiesen. Diese schmettern jenen am Anfang erwähnten Quartenschritt. Auf einem langatmigen Orgelpunkt bauen sich die Schlussaccorde auf, gewaltige Klangmassen in D-dur.

* * *

Wer diese Symphonie als Ganzes ins Auge fasst, in ihr die erste gewonnene Stufe einer auf die höchsten Ideale blickenden Individualität sieht, der wird die Bedeutung dieses Werkes für die Symphonie als Kunstform überhaupt wie für den Werdegang des Schöpfers nicht verkennen dürfen. Es mag nicht verschwiegen werden, dass noch manche ungeklärte Stellen (so im 1. Satze) sich aufweisen lassen, in denen das Wollen noch über das Können, das Zustandebringen geht. Der Schwerpunkt des Werkes scheint mir darin zu liegen, dass wir deutlich vernehmen, dass eine Persönlichkeit zu uns spricht, die etwas zu sagen hat, die das Leben innerlich wie äusserlich nicht mit blinden Augen betrachtet, die sich über Sein und Nichtsein Rechenschaft zu geben bemüht. Es sind lebenskräftige Keime, die in der 1. Symphonie zu Tage treten, die ihrer Entfaltung harrten, Ansätze, die erst zur vollen Reife kommen mussten, erst die Umrisse eines Bildes, das seine Durcharbeit und Vertiefung erfahren sollte. Und wir wissen, welche Ideen der Tondichter nach seiner ersten Symphonie in seiner zweiten und dritten verwirklicht hat. Der Musik ist in der 2. Symphonie Mahlers [*] das Hohelied des Lebens erstanden, keine Verherrlichung der christlichen Auferstehungsidee, ein Loblied auf die Wiederkehr der Seele, geläutert und vervollkommnet. Die 3. Symphonie [**] sucht uns das „Naturleben" zu schildern und näherzubringen.

Gustav Mahler schrieb mir einmal: „Die erste Symphonie hat überhaupt noch niemand erfasst, als diejenigen, die mit mir gelebt." Fürwahr, ich halte diesen Satz für keine Hyperbel, vielmehr erscheint es mir durchaus begreiflich, dass der Autor in seinen Gebilden die ureigensten Empfindungen und Erlebnisse in subjektivster Form aus-

---

[*] Vgl. hierzu meine biographisch-kritische Würdigung Mahlers, a. a. O. sowie H. Teiblers Ausführungen in dieser Sammlung. No. 207.

[**] Vgl. meine Monographie dieses Werkes in dieser Sammlung. No. 227. —

quellen lässt. Das ist das Vorrecht des schaffenden Künstlers und gilt wohl für alle Zeiten. Für den Hörer kommt es auch gar nicht darauf an, jede kleinste Wendung eines Werkes so zu fühlen, wie es sein Autor vermag und gewollt. Gerade für die Mahlerschen Symphonieen gilt der Grundsatz, den der Tondichter selbst in aller Schärfe aufstellt: man lasse dem Hörer seine eigenen Gedanken über das aufgeführte Werk. Daher können diese Zeilen über Gustav Mahlers 1. Symphonie in D-dur lediglich als Einführung in den musikalischen Bau des Werkes eingeschätzt werden. Die Phantasie des Hörers soll ohne Fesseln das Werk auf sich wirken lassen. Das entspricht der Absicht Gustav Mahlers, wie der der Tonkunst überhaupt.

Gustav Mahler.

Symphonie No. 2 in C-moll
(Mit Text).

Erläutert von Hermann Teibler.

———

Wenn man die Entwickelung der Symphonie im letzten Jahrzehnt des ablaufenden Jahrhunderts verfolgt und jener gedenken will, die an dem rüstigen Vorwärtsschreiten dieser herrlichen Kunstform selbstschaffend teilgenommen, so drängen sich dem geistigen Auge zwei Gestalten auf, die aus der fast unabsehbaren Schar ihrer mehr oder minder entschlossenen Mit-, Nach- und Gegenläufer um mehr als Haupteslänge hervorragen: R i c h a r d S t r a u s s und G u s t a v M a h l e r; und die Lebensarbeit beider gilt, trotz der Verschiedenheit ihrer Kunstmittel, einem gemeinschaftlichen letzten Ziel: sie haben die Programmsymphonie, deren immer verheissungsvolleres Erblühen durch das ganze Jahrhundert sich verfolgen lässt, zu jener hohen Vollendung gebracht, die zwar in ihrer weiten Ausgestaltung den vorläufigen End- und Grenzpunkt der ganzen „Richtung“ bedeutet, andererseits aber auch den positiven, unumstösslichen Beweis für das Recht ihrer künstlerischen Existenz und ihrer dauernden, historisch gewordenen Wertung.

Anerkennung und Verständnis fand freilich Strauss bisher in weit höherem Masse, als Mahler, wie denn überhaupt sein Lebenslauf, der sich aus den glücklichsten Vorbedingungen für sein künstlerisches Werden heraus entwickelte, frei ist von jenen Kämpfen, die so oft dem Erkennen des eigenen Ich, dem Finden von sich selbst vorhergehen. Wenn bei ihm ein Bülow, ein Alexander Ritter fördernd in die Erscheinung treten, muss Mahler, aus dem geistigen Sumpf seines vergessenen deutschböhmischen Heimat-Städtchens heraus, ein jahrelanges Vagantentum durchmachen; was jenem an Beispielen und Eindrücken sich freiwillig in den Weg stellt, muss er suchen und erkämpfen, und erst mit Bruckner tritt für ihn ein Förderer und Versteher auf den Plan.

So lassen sich aus seinem Werdegang heraus jene Elemente seiner Kunst erklären, die ihn von Strauss, dem nervenzerwühlenden Chromatiker, dem Vollender der einsätzigen symphonischen Dichtung, so strenge sondern: Seine stets zum Durchbruch gelangende Liebe zur Natur aus seinen Wanderjahren, die Erweiterung der mehrsätzigen Symphonie aus dem Einfluss Bruckners, seine charaktervolle, herbe Diatonik aus der Ursprünglichkeit seiner nicht äusseren Einflüssen, sondern lediglich Momenten seines Seelenlebens gehorchenden Tonsprache; dieser Umstand giebt seiner Palette auch die fast verloren gegangene Farbe jener rührenden, altertümelnden Naivität, wie sie im „Urlicht" und dem Chor „Auferstehn" unserer Symphonie zum Ausdruck gelangt.

Mahler ist noch arm an unbestrittenen Erfolgen. Seine Symphonien, deren erste den Untertitel „Titan" führt, und deren dritte „Ein Sommermorgentraum" benannt ist, kamen in Berlin, also auf dem klassischen Boden der Abneigung gegen süddeutsche Gefühlsmusik, zur Aufführung, ohne durchzuschlagen; gleiches

Schicksal hatten seine „Lieder eines fahrenden Gesellen".

Dagegen errang die zweite Symphonie im Oktober
1900 in München einen so übermächtigen, glänzenden
Erfolg, dass die Begeisterungsfähigkeit des Publi-
kums für die ganze Saison durch dieses einzige Ereignis völlig absorbiert scheint, und mit Fug und Recht
auf ein nun unaufhaltsames Wachsen des Verständ-
nisses für Mahlers Tonsprache geschlossen werden
kann.

Die C-moll-Symphonie Mahlers ist, von einigen
Andeutungen im letzten Satze abgesehen, programm-
los, und die von diesen Andeutungen auf die übrigen
Sätze rückschliessenden Auslegungsversuche haben
schon manchem infolge der brückenlosen Abstände
zwischen den einzelnen Sätzen und deren thematischer
Geschlossenheit arge Kopfschmerzen verursacht. Bei
der Münchener Aufführung sollte eine Erläuterung
zur Verteilung gelangen, die auf persönliche Angaben
Mahlers zurückzuführen war, aber doch schliesslich
der Oeffentlichkeit vorenthalten wurde. Sie schildert
Mahlers C-moll-Symphonie als ein „Heldenleben" und
dieser Auffassung ist wohl beizustimmen in dem Sinne,
dass Mahler (wie es auch Strauss gethan), sich selbst
mit dem Helden identifiziert und seine Stellung zu Welt
und Menschheit, zu Zeit und Ewigkeit in Tönen ausspre-
chen will. Denn jeder Schöpfer neuer Werte ist ein
Held und bedarf des Heldentums, um seine Auffassung der passiven und bornierten Welt gegenüber zur
Geltung zu bringen. Sehen wir also ruhig die zweite
Symphonie Mahlers als eine Heldensymphonie an und
stellen wir uns den Helden als ein kraftvolles, rück-
sichtsloses, als ein l e b e n d e s Individuum vor, das
uns von s e i n e m Schmerz und s e i n e m Stolz erzählt, dann wird die Sprache dieser Töne nie unver-
ständlich werden, ohne einer gezwungenen Appretur

mit Dehmelschen Dichtungen zu benötigen; sie ist viel zu gesund, als dass sie erst auf den Leisten eines krankhaft-selbstgefälligen Pessimismus' gespannt sein müsste, um verstanden zu werden.

Die Besetzung des Werkes, die Mahler für die Aufführung fordert, ist folgende:

18 erste, 16 zweite Violinen, 12 Bratschen, 12 Celli, 10 Bässe; 4 Flöten, 2 kleine Flöten, 4 Oboen, 2 engl. Hörner, 4 Klarinetten, 1 Bassklarinette, 4 Fagotte, 1 Contrafagott; 6 Trompeten, 6 Hörner, 4 Posaunen und Basstuba. An Schlagzeug: 6 Pauken, Triangel, Becken, grosse und kleine Trommel, 2 Tamtam, Rute, diverse gestimmte und 3 ungestimmte Glocken, endlich Orgel.

Im 5. Satz tritt noch ein aus 4 Trompeten, 4 Hörnern, 2 Pauken, Triangel und Becken bestehendes Fernorchester, sowie gemischter Chor mit Sopran- und Altsoli hinzu.*)

I.

Maestoso. Mit durchaus ernstem und feierlichem Ausdruck.

(C-moll. $^4/_4$-Takt).

Wollte man zur Gewinnung einer orientierenden Uebersicht über die weit ausgedehnten, thematisch

---

*) Ausser der gestochenen Partitur ist eine Übertragung des Werkes für zwei Klaviere zu vier Händen von Hermann Behn erschienen, eine verdienstvolle, mustergiltige Arbeit mit genauen Angaben der Instrumentation, die auch vorstehender Analyse zur Grundlage diente. Die verweisenden Seitenzahlen der nachfolgenden Erläuterung beziehen sich auf diese Ausgabe der Symphonie.

vielfach ineinander übergreifenden Tonkomplexe des ersten Satzes eine Gliederung desselben vornehmen, so würden sich folgende Abschnitte ergeben:

1. Erste Themengruppe. C-moll. S. 1 bis 11 (Hauptsatz).
2. Zweite Themengruppe. C-dur, E-moll. S. 12 bis 22 (Seitensatz).
3. Trauermarsch. Es-moll. S. 22 bis 29 (Durchführung).
4. Wiederholung der ersten Themengruppe in verkürzter Form. S. 29 bis 33 (Rekapitulation).
5. Schlusssatz im Tempo des Trauermarsches. C-moll. S. 34 bis 38 (Coda). —

Auf einem heftig einsetzenden Tremolo auf G der Geigen und Bratschen fahren Bässe und Celli wie aus schwerem Traum empor:

Ihr Thema hebt sich bis zu einem schmerzlich sich aufbäumenden *ff*, um wieder beruhigt in träumerische Erschlaffung zurückzusinken. Während es in der Tiefe unheimlich weitergrollt, stellt sich in Oboe, Englisch-Horn und Klarinetten ein zweites, stolz aufwärtsschreitendes Thema entgegen,

das sich bei immer reicherer Betheiligung des Orchesters zu schmerzlicher Grösse entwickelt und nach einer *Unisono*-Ueberleitung

und einem furchtbaren *Crescendo* des Gesamtorchesters in die dröhnenden Rhythmen der Pauken,

und den anschliessenden, hinreissend sehnsüchtigen Klagegesang der Holzbläser überleitet,

den ein dunkles Streichertremolo und in den Bässen
das Motivteilchen a von Beisp. 1 begleiten.

Ein heller Sonnenblick bricht durch dunkle Wol-
ken, als sich dieser Gesang, von den Violinen und
Bratschen aufgenommen, nach E-dur wendet und

wie zu lichten Höhen emporsteigt; aber er mündet
in einem düsteren Quartsextakkord auf B und bricht
in Es-moll jäh ab; das gleich darauf aufzuckende G-
Tremolo der Streicher, dem sich das Bassrecitativ
(Beisp. 1) anschliesst, wirkt mit furchtbarer Ueber-
raschung.

Das Recitativ leitet diesmal in verkürzter Form
und ungestümen *Accelerando* nach einem heroisch
klingenden Thema in As, dessen ehernem Glanz (Posaunen und Tuben) die Streicher ein hohes Es-Tre-
molo entgegenstellen,

und nun stürzen sich die bisherigen Themen, sowie
Bruchstücke derselben (Beisp. 3, Motiv b aus Beisp. 1),
denen sich noch schneidend gegeneinander anstrebende
Horn- und Trompetenrufe

beigesellen, auf dröhnendem Orgelpunkt der Pauken
und Contrabässe (G, dann D und wieder G) in toll-
wütigem Taumel übereinander, und sinken nach heis-
sem, aber vergebenem Ringen auf den G-moll-Drei-
klang herab, den der Bass mit dem Motiv

unerschütterlich festhält. Wie Todesseufzer verklingen auf ihm die Themen 8, von gedämpften Posaunen
und Oboe (in Umkehrung) gebracht, und nur leise
Harfenklänge halten endlich, wie leise Herzschläge,
den Helden am Leben fest.

Ein Prometheus ist in wahnsinnigem Kampf den

Göttern unterlegen. Das Bild ihrer Grösse steigt vor
dem Willenlosen, Zerschmetterten auf,

10.

nach stolzem Hornruf

11.

künden sie ihm in Bildern von hinreissender Kraft
von den Freuden, die dem Gläubigen winken.

12.

Gegen die ruhige Achtelbewegung der gedämpften
Geigen und Bratschen stellt sich eine merkwürdige
„apathische" Veränderung des Bassrecitativs (Beisp.
1 c)

13.

und ein ernster Gesang des Englischhorn und der
Bassklarinette.

14.

Eb. Bassklar.

con 8va

Doch die Gaukelbilder erwecken aufs neue den
noch ungebändigten Trotz des Unterlegenen, zu neuem
Widerstand bäumt sich sein noch ungebrochener,
aufs neue erstarkender Mut, den ein kühn ausladendes
Thema der Holzbläser kennzeichnet.

Hbl.

15.

espress.

Und ein neues, noch furchtbareres Ringen hebt
an, von Mahler mit einer Realistik und rücksichts-
losen Grösse geschildert, wie sie in der an ähnlichen
Momenten nicht eben armen Musiklitteratur einzig
dasteht. In prasselnde, chromatische Bassläufe gellt
schneidend das

8va
Picc.

16.

des Bassrecitativs, auf einem donnernden Orgelpunkt
Cis umjagen die Geigen einzelne Fetzen des Motivs
15, und wieder steigt Motiv 6 zu reiner Höhe, und der

Gesang der Hörner auf glänzenden Geigentrillern scheint des Kämpfers Ueberlegenheit zu künden;

17.

aber es ist der letzte, schwindende Siegestraum des Bezwungenen. Er wird seiner Fesseln bewusst und sucht sie in elementar ausbrechender Wut zu zerreissen (Bassmotiv 1 in Es-moll). Vergebens: Zerschmettert

„sinkt er ins Ungewisse hinab."

Mit dem folgenden Es-moll-Einsatz (S. 22) beginnt der Epilog des Dramas. Düstere Entsagung spricht aus dem Thema der Bässe:

18. Sehr langsam.

Nimmermehr wird der Held Gewaltigeren widerstehen, gebrochen ist der Mut des Gottbezwingers; aber der Glaube ist ihm nicht geworden: Die ernste Weise des im letzten Satze zu hoher Bedeutung gelangenden Chorals

19.

prallt wirkungslos an ihm ab. In dumpfem Schmerz,
der sich bis zu rasendem Wehgeschrei steigert, ge-
denkt er des Vergangenen. Das Bild seines Heldentums
zieht an ihm vorüber (S. 29), und die erlebten Freuden
tauchen im Lichte schmerzlichen Erinnerns auf.

20.

Dann heben die Bässe jenes unerbittliche Motiv des
Trauermarsches an, und auf ihm gehen die Motive des
Helden, immer ruhiger und stiller werdend, dem Ende
zu. Wenn auf dem leisen Paukenmotiv

21.

Trompeten, Hörner und Posaunen, immer wieder von
dem wie aus der Ferne herklingenden C-dur-Dreiklang
unterbrochen, in schauerlichen Vorhaltakkorden zur
Tiefe steigen, wenn jener leise einsetzende Dur-Drei-
klang mit scharfem Ruck nach Moll sich wendet und
langsam verklingt — ist es dann nicht, als sähe man
den grossen, einsamen Helden, der in titanischem Mut
das Höchste gewagt, entsagend, doch stolz erhobenen
Hauptes ins Dunkel der Welt hinausschreiten?

Ein rasch abwärtsstürzender, chromatischer Lauf
schliesst rasch den Vorhang vor der erschütternden
Tragödie.

II.

Andante con moto.

(As-dur, $^3/_8$-Takt.)

Dem Drama folgt das Idyll, den wechselvollen, ereignisreichen Scenen des ersten Satzes beschauliches Sichversenken in die anmutsvolle Schönheit der Natur. Wie sich Faust's Seelenkämpfe unter dem Eindruck des Zaubers eines holden Frühlingstages lösen, so sucht und findet auch unser Held Ruhe und Frieden im Anblick eines sonnendurchleuchteten, tiefblauen Himmels und eisumgürteter Gipfel.

Formell ist der Satz sehr übersichtlich; er besteht aus einem Hauptsatz, der zweimal von einem lebhafteren Trio unterbrochenen (S. 40, 46) und bei seiner jeweiligen Wiederkehr immer reicher ausgestaltet wird. Rhythmisch steht er der Ländler- (n i c h t Walzer-) Form nahe, doch treten Momente zartsinnigen, träumerischen Verweilens so oft ein, dass dieser Vergleich nur mit allem Vorbehalt auszusprechen ist. Er wird ausschliesslich von den Streichern vorgetragen,

wendet sich über F-moll nach B- und Es-dur, wobei

eine liebenswürdige Wechselrede zwischen Celli, Bratschen und Geigen vor sich geht,

und kehrt über Des-dur und B-moll

in die Haupttonart zurück; das einschmeichelnde Codasätzchen

verlässt diese nicht mehr.

Das Horn hält die Dominante Es, sie in Dis verwandelnd, fest und führt mit leisen Sechzehntelschlägen zu dem bewegten, von den Streichern fugierten Thema des Triosatzes (Gis-moll).

Der Rhythmus der Sechzehnteltriolen, mit deren Beweglichkeit die Stabilität des fast ununterbrochen herrschenden Orgelpunktes seltsam kontrastiert, giebt der Episode das Gepräge. Eine klagende Hirtenweise der Flöte, von der Oboe zierlich umspielt,

schwebt über dem ruhelosen Spiel der Streicher; ein zweites, den Flöten und Klarinetten angehöriges Thema wendet sich zu freundlicherer Gesinnung und wird bei der Wendung nach H fast zu verstohlener Lockung zum Reigen.

Wie erschrocken über so unerwartet weltfreudiges Sinnen bricht sie aber sofort ab und die Sechzehntelfiguren beginnen zu stocken und verlieren sich in der Ferne — nur das Dis klingt zögernd nach und bildet durch Rückkehr zum Es die Ueberleitung zum Hauptsatz.

Er wird wieder, wie am Anfang, ausschliesslich von den diesmal gedämpften Streichern durchgeführt, denen die Celli ohne Dämpfer mit einem weitgeschwungenen Gesang entgegentreten.

28.

Das Trio nimmt diesmal einen hoch erregten Charakter an. Unter Posaunen- und Hörnerakkorden fahren die Bässe hastig mit seinem Hauptmotiv drein. Die Geigen wollen mit einem neuen Sang beschwichtigen;

29.

ihm widersetzt sich aber neben den diesmal unruhig bewegten Bässen das ruhelose Aufseufzen der Holzbläser mit dem, dem Thema 23 a entnommenen Motiv a in Beispiel 27.

Erst nach einer, Beisp. 26 nachgebildeten Weise der Oboen und Klarinetten in Gis-moll und einem zarten Trompetenruf in As-dur

30.

besänftigt sich obiges Thema nach As-dur und die Bässe erstarren auf dem Orgelpunkt Dis, auf dem die Geigen und Holzbläser in folgende, leidenschaftlich-sehnsuchtsvoll gesteigerte Melodie ausbrechen.

Die abermalige Rückkehr zum Hauptsatz vollzieht sich
wie bei seiner ersten Wiederholung, doch er selbst ist
einer neuen Umgestaltung unterworfen: Die Streicher
tragen ihn Pizzicato vor, seine einzelnen Absätze werden von den Harfen und Flöten kanonisch wiederholt.

Von eigentümlicher Wirkung ist die öfter eintretende
verzögernde Einschiebung in die Melodie.

Es ist, als ob sich der Held, der dankerfüllt die Ruhe
nach dem Kampfe genossen, zögernd und schmerzlich
nach der Stätte holden Friedens umblickend, zum
Gehen gewendet habe. Immer leiser wird das Lied,
das ihm den Frieden wieder brachte, wie im Winde
verweht die Weise, — noch ein paar verschollene
Harfenklänge — und alles ist vorüber.

Der Held aber steigt zu den Menschen hinab.

III.

In ruhig fliessender Bewegung.

(C-moll, $^3/_8$-Takt.)

In seiner Stellung und Form lehnt sich dieser Satz an das *Scherzo* der klassischen Symphonie an. Er besteht aus einem Hauptteil (S. 58), einem Alternativsatz (C-dur, S. 67), der Wiederholung des Hauptteils (S. 76) und einer, die Motive beider Teile verschmelzenden Koda (von S. 82 an).

Man hat wiederholt die verzerrte Phantastik und den grausigen Humor des E. T. A. Hoffmann zum Inhalt dieses Satzes gemacht, und ihm damit eine zum Teil zutreffende Charakteristik gegeben. Im Musée Wiertz zu Brüssel findet sich ein Bild: „Christus und die Parteien." Es stellt dar, wie sich die Vertreter der menschlichen Gesellschaftsklassen in unentwirrbarem Knäuel um menschliche Vorrechte balgen — entgegen der Lehre des Gottessohns. Auch Liszt sieht in seiner Bergsymphonie auf diesen unentwirrbaren Knäuel herab — freilich mit dem verschleierten Auge des Mystikers — unser Held aber tritt der Menschheit mit jenem Pessimismus entgegen, den er im übermenschlichen aber vergebenen Kampfe gegen die Gottheit gewonnen, — und was er sieht, das gleicht allerdings den Beschreibungen eines Hoffmann oder Wiertz. Aus einer von Pauken, Fagott, Klarinette und Rute intonierten Begleitungsfigur löst sich das ruhelos schleichende Hauptthema der Geigen ab,

die Klarinetten führen es in der Dominanttonart
weiter,

dann kehrt es nach C-moll und über Es-dur nochmals
nach C-moll zurück. Die Klarinette will eine Tanz-

weise anstimmen, der die Geigen in wehmütiger Harmonisierung antworten,

so dass die Klarinetten von dem Versuch, heiter zu werden, mit einer Phrase furchtbar schneidenden Humors, abstehen

und zum Hauptthema zurückkehren, dem sich bald Piccolo und Klarinette,

später die Holzbläser und Hörner mit einem neuen Gegenthema zugesellen.

Schliesslich stürzen Geigen, Flöten und Oboen in chromatischem Terzenlauf, unter dem die Bässe wuchtig von G nach Ces und F absteigen, nach F-dur herab; es zeigen sich neue, freundlichere Scenen, ja, die Oboe drängt sich an das Bratschenthema

mit einer lieblichen Melodie pastoralen Charakters.

Zwischen beiden hebt ein freundliches Wechselspiel an, bis die Themen 34 und 38, von den Streichern *saltando* vorgetragen, wiederkehren und zu dem durch wuchtige Paukenschläge (e 9) eingeleiteten Triosatz (C-dur) führen. Während die Flöten und Piccolo das hohe C aushalten, beginnen Celli und Bässe das rauhe Kraft und rücksichtslose Energie atmende Thema,

X.   4

das in vollständiger Fuge durchgeführt wird. Beim Eintritt der zweiten Stimme (Bratschen und Fagott) kehren es die Bässe (als „Gefährten") vollständig um, bei der dritten Wiederkehr stimmen Trompeten, Hörner und Holzbläser ein wüst lärmendes Zecherlied an.

43.

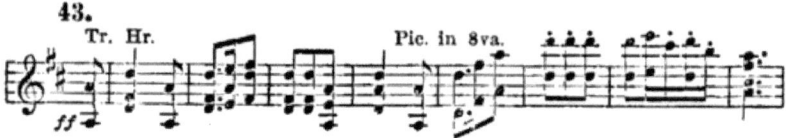

Während dessen nimmt das *Fugato* seinen bewegten Fortgang; den Ruf der Oboe

44 a.

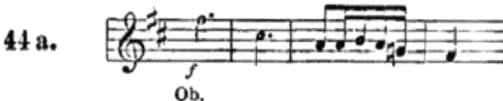

beantwortet die Klarinette, wie im Taumel sich drehend,

44 b.

und der Zecherchor wiederholt sich, vom wüsten Treiben des *Fugato* umtost, in E-dur.

Nun löst sich das Gewirr: ein zwischen E und Es schwankender Orgelpunkt hält auf lange hinaus die Stimmung fest. Auf breiten Harfenarpeggien, von gedämpften Cellofiguren umwogt, singen die Trompeten eine in edler Ruhe erstrahlende Weise:

45.

der einzige erlösende Lichtblick im brodelnden Dunkel des Satzes. Auf Akkorden beseligender Ruhe

verklingt die Episode unter leisem Flageolet der Harfen. Wieder fährt das C-dur-Thema 42 rücksichtslos auf, aber nur, um unter Gegenüberstellung der Motive 42 und 44 zur Reprise des Hauptteils überzuleiten.

Diese vollzieht sich unter Hinzutritt neuer Motive

dem Hauptsatz gemäss bis dahin, wo die Bässe mit Begleitung der Pauken, Becken, Tamtam und grossen Trommel, während die Bläser das Thema 43 herausschmettern, chromatisch von C nach H—B, B—A, A—As abwärtsschreiten, und endlich das volle Orchester in einen gellenden Schrei der wüstesten Verzweif-

lung ausbricht (B-moll-Dreiklang auf C), der langsam, wie in grenzenlosem Weh in sich zusammen-
bricht.

Ein Moment furchtbarer Tragik.

Der Held fühlt, dass diese Menschheit mit ihrem
hohlen, erbärmlichen Streben und Treiben tief unter
ihm stehe. Vergebens sucht sich das geschäftige Motiv 42 verstohlen und mit aufdringlicher Gewalt an
ihn heranzudrängen; weit weist er die Menschheit
von sich, und im Gefühl trostloser Verlassenheit kehrt
er sich ekelerfüllt von ihrem Treiben ab.

IV.

Urlicht.

O Röschen rot:
Der Mensch liegt in grösster Not,
Der Mensch liegt in grösster Pein,
Ja lieber möcht im Himmel sein.
Da kam ich auf einen breiten Weg,
Da kam ein Engelein und wollt mich abweisen,
Ach nein, ich liess mich nicht abweisen,
Ich bin von Gott, ich will wieder zu Gott,
Der liebe Gott wird mir ein Lichtchen geben,
Wird leuchten mir bis an das ewig selig Leben.

(Aus „des Knaben Wunderhorn“,

Sehr feierlich, aber schlicht.

(Des-dur, $^4/_4$-Takt).

Da dringt mit dem Altsolo „Urlicht" mitten in das den Helden umgebende Dunkel wie ein verheissungsvoller Lichtstrahl die Aeusserung eines wenn auch kindlich-naiven, so doch leidenschaftlichen und starken Glaubens. Nach dem von gedämpften Streichern begleiteten Ausruf „O Röschen rot" stimmen Trompeten, Hörner und Fagott einen Choralsatz an, der den drei ersten Textzeilen unterlegt ist. Bei den Worten: „Da kam ich auf einen breiten Weg", wird der Tonsatz bewegter, die Instrumentation reicher; eine Solovioline legt eine zweite Melodie über die von hohen Glocken getragene Begleitung.

49.

Eine wundervoll erblühende Wandlung erfolgt (von B-moll nach A-dur) bei „Da kam ein Engelein" und mit dem Wort „abweisen" tritt ein tief schmerzliches Element in die freudvolle Stimmung des Satzes, der nun einen angstvoll leidenschaftlichen Aufschwung nimmt, und in den zwischen zwei Soloviolinen und der Singstimme sich drängenden Ausrufen: „Ich bin von Gott und will wieder zu Gott" seinen Höhepunkt erreicht.

50.

Ich bin von Gott und will wie-der zu Gott

Bei den folgenden, von glaubensstarker Ueberzeugung getragenen Worten: „Der liebe Gott wird mir ein Lichtlein geben" schwingt sich die Singstimme in

weitem Bogen beseligend auf, und unter mystischen
Harfenklängen schliessen Holzbläser und gedämpfte
Streicher den kurzen, aber bilderreichen Satz, an den
einleitenden Choral anklingend, ab.

V.

Ein neuer Verzweiflungsausbruch, wie im dritten
Satz (Beisp. 48) folgt den ewiges Leben verheissenden
Worten, und bricht, wie dort, in sich zusammen, mit
dem tiefen C der Pauken und Streicher verklingend.
Eine Trompetenfanfare stürmt dazwischen ungestüm
zur Höhe,

ihr antworten die Hörner mit einem trostkündenden
Motiv.

In die tiefe Stille tönt aus weiter Ferne her ein
Hornruf

„Der Rufer in der Wüste!" Es ist, als ob ein erster,
schmaler Streifen der Morgenröte in die finstere Nacht
leuchte; vom leisen Paukenwirbel C hebt sich ein be-
wegliches Triolenmotiv, von leisen Horn- und Trompetenfanfaren umspielt, ab. Leise steigt eine Triller-
kette der gedämpften Geigen mit Harfenflageolet und

Flötentriolen ab — das erste, schüchterne Morgenlied
der erwachenden gefiederten Sänger. Die Flöten,
Oboen und Klarinetten intonieren den Choral (Beisp. 19)
in F-moll, von figurierenden Achteln der Streicher
pizzicato begleitet;

als diese Begleitung in lebhaftere Triolenbewegung
übergeht, ertönt zum ersten Male von den Posaunen
das Auferstehungsmotiv,

dem ein sanft wiegender Hornruf folgt,

und von ferne her erklingt der Ruf in der Wüste.
Leise zieht der Glaube in des Helden Herz; noch drängen sich ihm bange Zweifel auf, eine bewegte, in eigentümlich erregten Ausrufen der Holzbläser, bei leisem Geigentremolo sich ergehende Episode,

schildert seine zweifelnde Ergriffenheit. Nach bangem
Schweigen bringen aber die Posaunen in feierlichen
Klängen den Choral (Beisp. 19) mit dem anschliessenden Auferstehungsmotiv, und ihnen schliesst sich
in breiter, erhabener Entfaltung der Hornruf 53, das
antwortende (aus 51 b gebildete) Trompetenthema

sowie unter Glockengeläute im *ff* der Trompeten der
Wüstenruf auf.

Wie mit einem heftigen Ruck will sich der Held
von der Macht der ihn bestürmenden fremden Gefühle befreien (S. 107, *Maestoso*). Ein marschartiger
Satz bringt noch einmal seinen sich aufbäumenden
wilden Trotz zum Ausdruck — auch Motive des ersten
Heldenthemas spielen hinein (1 b),

Violinen und Flöten verzerren den Choral;

aber bald ebbt sich das Ganze zu den reinen Klängen
eines vom Glauben getragenen Heldentums ab,

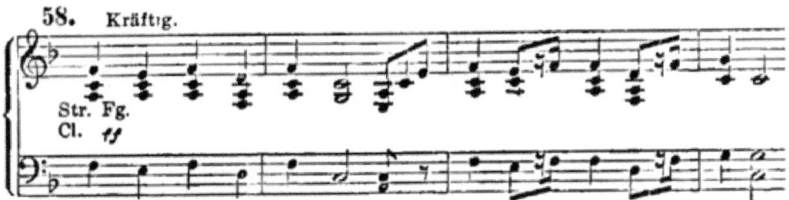

denen sich, in hellem Glanz aufleuchtend, die Trompete mit dem Auferstehungsruf beigesellt. Immer glor-
reicher wird der Sieg des Glaubens, immer glänzender
die Rufe der Trompeten und Posaunen, die ihn verkünden,

und als nochmals leise Zweifel den Helden befangen
(Beisp. 24), da ertönen wie aus den geöffneten Pforten
des Jenseits die festlich jubelnden Klänge des Fern-
orchesters,

ein alles mit sich reissender Aufschwung führt zu
einem langen Orgelpunkt, auf dem sich die Erlösungs-

motive (Beisp. 51) in erhabener Vergrösserung zu höchstem Glanz aufschwingen. Durch die Kraft des Glaubens geht der Held ein in die Thore des ewigen Lebens, und die folgende Apotheose mag uns künden, dass des Helden Schicksal das der ganzen Menschheit ist, die ihre höchste Kraft im Glauben findet.

Der grosse Appell.

Auf dem leisen Cis der Pauken erklingt aus weiter Ferne der Ruf in der Wüste. Ganz ferne antworten verklingend Trompeten; immer näher kommende Trompeten schmettern ihre Fanfaren durcheinander, dazwischen jubelnder Vogelgesang und das erhabene Motiv des Wüstenrufers. Wie sie gekommen, so verhallen die Klänge, geheimnisvoll aber hebt der Chor an*):

> Auferstehn, ja auferstehn wirst du
> Mein Staub, nach kurzer Ruh!
> Unsterblich's Leben
> Wird, der dich schuf, dir geben!

Nach einem breiten, von den Motiven 53b und 55 getragenen Zwischenspiel folgt der zweite Vers:

> Wieder aufzublühn, wirst du gesät
> Der Herr der Ernte geht
> Und sammelt Garben
> Uns ein, uns ein, die starben!
>
> (Worte bis hierher nach Klopstock).

---

*) Mahler liess, um die Wirkung zu erhöhen, die ersten zwei Verse sitzend singen; die merkwürdige altertümelnde Wirkung des Chors wird durch die eigentümliche Stimmführung bedingt: die Aussenstimmen gehen zumeist in Oktaven.

Ein abermaliges breites Zwischenspiel (Ges-dur), in dem auch das Hornthema 51b breit hervortritt, führt zum Altsolo (C-moll), das musikalisch der Episode des Zweifels entspricht (Beisp. 51).

> O glaube mein Herz, es geht dir nichts verloren!
> Dein ist, ja dein, was du gesehnt,
> Was du geliebt, was du gestritten.
> O glaube: Du warst nicht umsonst geboren,
> Hast nicht umsonst gelebt, gelitten.

Ein Harfenglissando leitet zum dritten Chorvers; es ist von Posaunen und Tuben begleitet, gedämpfte Geigen trillern das hohe F. Bei „was vergangen" nimmt der Chor einen mächtigen Aufschwung.

> Was entstanden ist das muss vergehn.
> Was vergangen auferstehn!
> Hör auf zu beben!
> Bereite dich, zu leben!

Nach einem kurzen, überschwänglichen Zwischensatz

61.

beginnen Sopran und Altsolo ihren zu immer lichteren Sphären sich erhebenden Wechselgesang

O Schmerz du Alldurchdringer
Dir bin ich entrungen!
O Tod du Allbezwinger
Nun bist du bezwungen.
Mit Flügeln die ich mir errungen
In heissen Liebesstreben
Werd ich entschweben
Zum Licht, zu dem kein Aug gedrungen!

Bei den Worten „Mit Flügeln" tritt das angstvoll drängende Motiv 50 (im „Urlicht") in der Vergrösserung auf leisen Geigentremolos sanft verklärt ein. Der Chor nimmt die gleichen Textworte auf

62.

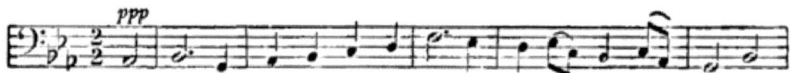

Mit Flü-geln, die ich mir er-rungen, werde ich ent-schweben

und führt sie in mächtig sich steigerndem *Fugato* zu immer höherem Glanz, bis er, das Thema 62 im *Unisono* vergrössernd, unter jubelnden Tremolos, in den Ruf ausbricht:

Sterben werd ich um zu leben!

und im höchsten Glanz des Gesamtorchesters mit hinzutretender Orgel den Auferstehungschor mit den Worten wieder aufnimmt:

Auferstehn, ja auferstehn wirst du
Mein Herz, in einem Nu!
Was du geschlagen,
Zu Gott, zu Gott wird es dich tragen.

Mit höchster Kraftentfaltung des Gesamtorchesters, unter Orgelton und Glockenklang, und dem sieghaften Aufschwung des Erlösungsmotivs in den Hörnern, dann Posaunen und Trompeten

schliesst das Werk, in seiner hehren Majestät der Menschheit kündend:

Was deine Kraft nicht kann,
Das kann dein Glaube!

Gustav Mahler.

Dritte Symphonie.

Erläutert von **Ludwig Schiedermair.**

————

Wie für die Oper Richard Wagner, so war für
die moderne Symphonie in Franz Liszt ein Messias erstanden, allerdings mit zum Teil anfechtbaren Kundgebun-
gen. Beethovens Granitblöcke lagen bis in die jüngsten
Tage Bruckners und Dräsekes vereinsamt da. Liszts
Grundgedanke — und nicht mehr als dieser — erfuhr durch
Richard Strauss eine Erweiterung und Durchführung, die von der grössten Tragweite sein dürfte, aber auch
eine Neuformung, welche der Wagnerschen Gedankenwelt
entstammt. Ganz anders beim Liede. Trotz aller denk-
baren Einflüsse und Richtungen gingen hier im letzten Jahrzehnt neue Sterne auf: Konrad Ansorge, Hugo Wolf
und Peter Gast, jeder eine Welt für sich, Individuali-
täten, die in keine gemeinschaftliche Kette gefasst werden
können.

Unsere moderne Musik basiert richtig genommen auf
keiner einheitlichen Grundlage. Dies ist zu beachten, um

einem modernen Künstler nähertreten zu können. Es wäre irrig, anzunehmen, man müsste einen jeden Komponisten einer Richtung zuteilen können. Es kann vielmehr ein Uebereinandergreifen der verschiedenen Richtungen und Bestrebungen stattfinden und hieraus ein neuer Genius seine Kräfte schöpfen. Eine solche Persönlichkeit, die weder auf die Stufe Schillings', noch auf die Richard Strauss', noch auf die Ansorges, Hugo Wolfs gestellt werden kann, die mit ihnen nichts gemein hat, als das hohe Streben, daher auch nicht in Vergleich mit ihnen gezogen werden soll, ist Gustav Mahler.

Auch Mahler gelang es nicht sogleich, die richtige Fährte zu finden. Auch er musste, wie eben fast jeder Komponist — der Fall Brecher lehrt uns neuerdings anders — zuerst eine Sturm- und Drangperiode durchmachen, in der die Freude an der errungenen Form, am fröhlichen „Drauf-losmusizieren" die charakteristische Färbung giebt. Die unvollendet gebliebene Oper „Die Argonauten" und ein Märchenspiel „Rübezahl" fallen in diese Periode. Seitdem hat Mahler einen duftenden Strauss von Liedern mit Klavier- und Orchesterbegleitung, ein grösseres Chorwerk („das klagende Lied") und drei Symphonieen — eine vierte steht in Aussicht — publiziert.

Wenn wir Mahlers Schaffen in seiner Gesamtheit betrachten, so sehen wir eine sich stetig steigernde Entwicklungsreihe vor uns, ein Geborenwerden, ein Aufleben, ein Sicherheben über das Konventionelle, ein Ausbilden und Verdichten jener geheimnisvollen Kraft, die dem Menschen das Bewusstsein eines Zweckes, einer Mission giebt. Jene Abgeklärtheit des schaffenden Wesens, jene objektive Weltbetrachtung verinnerlicht sich bei Mahler von Stufe zu Stufe. Nicht oben hin, leicht gewonnen, sondern mit eigenem Lebensblute erkauft, durchweht sie jedes Glied des aufgerichteten Kunstwerks. Mahlers Psyche knüpft nicht an den alten gesponnenen Faden an, fügt nicht in a d d i e r e n - d e r Weise zu vorhandenen Bestandteilen neue, sondern entwickelt alle, bereits im Keime enthaltenen Kräfte in m u l - t i p l i z i e r e n d e r Art. Ein Wesen, nicht e n t standen aus von Zeit zu Zeit angestückelten Materien, sondern e r - standen aus den im steten Wachsen entfalteten Seelenkräften, organisch gebaut, nicht durch Flickwerk gefestet. Dass dies nicht das Werk einiger Momente, sowie das einer halt- und willenlosen Persönlichkeit ist, kann wohl als selbstverständlich gelten. Eine solche Natur kommt in ihren Schöpfungen gleich wie Goethe zu einer allgemeinen K o n f e s - s i o n. Sie schlägt zuweilen in dithyrambischem Schwunge den alt hergebrachten, aber nur auf die Tradition begründeten „Gesetzen" der Schönheit und des Stils ins Gesicht. Sie bricht die Fesseln, um im Lande der F r e i h e i t, in dem der Verstand Kanzler, ihr Heil zu suchen. Mahlers Symphonieen können wir da als Zeugen anrufen.

Mahler beherrscht nicht allein die technischen Künste sowie eine eigene musikalische Ausdrucksweise in staunender Weise, er besitzt auch die Gabe tondichterischer Gestaltung. Mahler ist im edelsten Sinne des Wortes T o n - d i c h t e r. Und dies deshalb, weil er nicht als völlig absoluter Musiker seine Werke entstehen lässt, sondern in ihnen eigene Erlebnisse und Erregungen in poetischem Gewande versinnbildlicht. Mahler vereinigt mit seinem musikalischen Talente eine ebenso starke und kräftige dichterische Anlage. Eben darum ist bei Mahler der Dichter vom Musiker keineswegs zu trennen. Beide beeinflussen die Schöpfung eines Werkes und die Ausführung seiner Idee. Doch anzunehmen, Mahler wolle b e s t i m m t e, e n g b e g r e n z t e Vorgänge in seinen Werken niederlegen, hiesse den Komponisten völlig missverstehen. Mahler ist ein philosophischer Kopf, und darum verficht er in seinen Gebilden auch a l l - g e m e i n e Gedanken, zieht Schlüsse, die keiner einzelnen Person auf den Leib geschrieben sind, und rückt dadurch die

Symphonie noch mehr als selbst Richard Strauss vom Wege
der Programmmusik weg. So erklärt es sich auch, dass
Mahler ein Feind der sorgfältig und pedantisch analysieren-
den und erläuternden Programme und Programmbücher ist.
Es soll im Folgenden daher auch nur der m u s i k a l i s c h e
B a u Erklärung finden, ohne die Phantasie des Hörers auch
nur im geringsten zu beeinflussen. Es ist keineswegs notwendig, dass der Hörer die Empfindungen des Schöpfers
Stück um Stück genau nachfühle, vielmehr dass die Tonsprache ihn ergreife und s e i n e Gedanken- und Gefühls-
welt befruchte.

*　　*　　*

Wenn Mahler in der „2. Symphonie in C-moll" zur Idee
des Weiterlebens, zum Loblied auf die Wiederkehr der
Seele, geläutert und vervollkommnet, gelangt, ohne dabei
den christlichen Auferstehungsgedanken zu verherrlichen,
so führt er uns in der „3. Symphonie" zum Problem des
Naturlebens. Die S t e i g e r u n g d e r N a t u r k r a f t
v o n d e r s t a r r e n M a t e r i e b i s z u r h ö c h s t e n
A r t i k u l a t i o n bildet den Grundgedanken des Werkes.
　Die „3. Symphonie"　zerfällt in 2 A b t e i l u n g e n.
Die erste umfasst einen, die zweite fünf Sätze. Die B e -
s e t z u n g des Orchesters ist folgende: vier Flöten, von
denen die 3. und 4. mit dem 1. und 2. Piccolo abwechselt,
vier Oboen, von denen die letzte die Führung des Englischen
Horns übernimmt, drei Klarinetten in B, die dritte vertritt die Bassklarinette, zwei Klarinetten in Es, vier Fagotts,
dem Spieler des vierten ist auch das Contrafagott zugeteilt,
dann: acht Hörner in F, vier Trompeten in F oder B, vier
Posaunen und Basstuba, ferner: zwei Paukenschläger, denen
je drei Instrumente zugeteilt sind, zwei Glockenspiele, Tam-

bourin, Tamtam, Triangel, Becken, kleine und grosse Trommel, Becken, an der grossen Trommel befestigt, Rute, die auf das Holz der grossen Trommel geschlagen wird, endlich: zwei Harfen, alle Streichinstrumente, sehr stark besetzt. Ausserdem erfordert die 2. Abteilung eine Vertreterin des Altsolos, einen Frauenchor; i n d e r F e r n e aufgestellt: ein Flügelhorn in B, mehrere kleine Trommeln; i n d e r H ö h e postiert: vier abgestimmte Glocken und einen Knabenchor. Nach der ersten Abteilung soll eine grössere Pause stattfinden.

I. Abteilung.

No. 1.

Kräftig. Entschieden. (D-moll, ⁴/₄ Takt.)

Mit Energie setzt das Horn ein mit dem Thema:

Ebenso kräftig beginnen nun die Streicher; ein Wirbel der Pauken leitet zu einem Pianissimo über. Dumpfe schwere Tonwellen winden sich dahin. Die Posaunen verkünden das Motiv:

dessen Rhythmus im Verlaufe der ersten Abteilung öfters wiederkehrt. Im Fortissimo fährt die Trompete dazwischen.

Während in den Fagotts bereits Keime des Themas 5 sich erkennen lassen, tritt in den Oboen das Motiv auf:

das Pianissimo wird zum Fortissimo und mit kraftvollem Schwung erscheint das Hauptthema, von den Hörnern in F gehalten:

In rhythmischer Schärfe zieht sich jetzt das Trompetenmotiv (3) durch das Orchester hindurch, während in den Hörnern Teile des Themas 5 auftauchen. Wieder schlägt das Fortissimo in den Gegensatz um, der Oboe ist ein weiches, leichteres Thema überlassen:

Ungemein zarte Bewegungen der Schlagzeuge führen uns nun zu einem „langsamen, schweren" Zeitmass über.

In den Holzbläsern, Hörnern und Posaunen klingt das Motiv 2 an, in den Celli und Bässen Rhythmen des Themas 5. Nun ringt sich in der Posaune ein mächtiges, drängendes Thema empor:

Hierauf schlagen Trompeten und dann Posaunen das Thema 3 an und nachdem in den Celli und Bässen das Oboenthema 6 verarbeitet ist, stammeln eben dieselben Instrumente in geheimnisvoller Weise:

Dieser Rhythmus geht in den ganzen Streicherkomplex über und wiederum greifen die Hörner mit dem Seitenthema ein:

An der folgenden Verarbeitung und Ausgestaltung des Themas 6 beteiligen sich Oboen und Klarinetten, sowie Violinen, ja selbst die Pauken. Schwungvoll, im „feurigen Marschtempo" fliesst das Oboenthema 6 als breites Melos dahin. Ein neuer Gedanke findet sich in den Celli, Bässen und Fagotts.

Wir verlieren ihn erst aus dem Gehör, als in den Hörnern das Thema 1 erscheint, ein Melos, das zu einer starken Steigerung dient. Wieder stimmen die Hörner das Thema 5, die Trompeten ihr Thema 3 an. Die Themen verflüchtigen sich und in Ges-dur singt das 1. Horn ungemein „weich und ausdrucksvoll":

Unter Harfenbegleitung nehmen die Violinen diese Melodie auf. Nach gemeinsamen Läufen in den Celli und Bässen hebt von neuem das wuchtige Marschtempo an, die The-

men 6 und 5 hervorholend. Da fährt in den Trompeten das
Thema 1 dazwischen, während die Oboe sich in 6 ergeht.
Die Trompeten werden von den Posaunen abgelöst, die nun
das Thema 1 blasen, während das Motiv 3 eingefügt, und
das bereits früher verwendete Thema weitergeführt wird.
Eine Mischung von 3 und 8 tritt hierauf zu Tage.

Der auf den Hornsatz des Themas 1 sich aufbauende
Schluss verwebt die verschiedenen Themen (2, 3, 8, 6, 1, 9)
zu einem Ganzen, bringt angesichts der Lebendigkeit der
Diktion und der Prägnanz des gedanklichen Materials ge-
waltige Steigerungen zu Stande, das Erwachen Pans und den
Einzug des Sommers uns vor Augen führend.

II. Abteilung.

No. 2.

Tempo di Menuetto. Gracioso. (A-dur, ³/₄ Takt.)

Mit den ersten Takten dieses Satzes sind wir bereits in
eine andere Welt eingetreten. In der ersten Abteilung wur-
den die Umrisse, die Grundlagen geschaffen, die treibende,
stetig schöpferisch wirkende Kraft, das Dionysische,
ist gegeben, nun sollen sich seine Bethätigungen in einzelnen
Formen und Steigerungen erweisen. Dies geschieht in den
fünf Sätzen der zweiten Abteilungen und dabei denke man
an meine oben gebrachten Worte von Naturleben.

In heitere, anmutige Gefilde führt uns gleich das erste
Sätzchen des Menuetts:

In zarten, langwelligen Farben schimmert die von den zweiten Violinen und Violen aufgenommene zweite Hälfte dieses Themas (13 b), die nach 24 Takten wiederholt wird. Innerhalb der letzteren wird die Begleitung von der Harfe übernommen, während in den Holzbläsern die beiden Motive verwoben werden:

Diesem leichten Menuett im ³/₄ Takt folgt ein nur 20 Takte währendes Sätzchen im ³/₈ Takt, das sich bis zum Doppelforte in den Flöten, Hörnern und Streichern steigert. Hurtig hüpfen die Flöten:

Ein kurzer Uebergang im $^2/_4$ Takt (mit Motiv 15) leitet uns zu dem im $^9/_8$ Takt geschriebenen D-dur-Satz. Schnell eilen in den Flöten und Klarinetten die Figuren dahin:

Einige Male werden wir von der Flöte an 16 erinnert. Mit dem Motiv 15 gehen die Violinen zu dem anfänglichen Menuett über, das in seiner weiteren Entwicklung harmonisch zu dem Anfang sich verhält. Auch das Sätzchen im $^3/_8$ Takt fügt sich wieder diesem an. In H-dur bewegt sich der anschliessende Teil, in dem das rhythmische Dahingleiten der punktierten Noten auffällt. Im weichen D-dur angelangt, tönen die Verbindungen und Verarbeitungen verschiedener Themen an unser Ohr (17, 16, 15), in den zartesten Linien (*ppp*) gezeichnet. Mit einem starken Es fallen nun die Harfen ein und stellen eine Vereinigung mit dem ursprünglichen Menuettsatz (13 b) her. Auch die Motive 14 und 15 finden von neuem ihre Anwendung. In den leisesten Flageoletttönen schliesst dieser Satz in A-dur.

Es ist nicht zu übersehen, mit welchen einfachen, reizvollen Melismen dieser Satz seine Durchführung erfährt. Ein Hauch jener köstlichen Naivetät, die uns modernen Menschen so schwer fällt, weht uns da entgegen. Kein Ton schiesst da über das festgesetzte Ziel hinaus. Alles atmet ein inniges Vertiefen in die Natur, eine Freude an ihrer Schönheit. Aber noch ist diese Natur auf einem tiefen Stande, noch ist die Bewegungsfreiheit nicht gegeben, noch steht der Zauber des Naturideals, der schönheitstrunkene Blick für das uns umgebende Milieu obenan. Noch gilt das starre Wesen, eine Gegend, ein Wald, ein Hain, eine Wiese als das entscheidende. Was hier die Bäume, die Blumen

„erzählen", das vereinigt sich zum Loblied der Natur, das bietet aber zugleich ein Beispiel für die ohne „Mobilität" geschaffene, aber deshalb doch nicht seelenlose erste Stufe der Naturentwicklung. Geheimnisvoll flüstern vom Windstoss bewegt, Blüten und Blumen . . . . . .

No. 3.

(Commodo. Scherzando. Ohne Hast. (C-moll, ²⁄₄ Takt.)

Fröhlich plaudert das Piccolo sein Liedchen:

Hierauf tritt die Oboe solistisch hervor, die in ähnlicher Weise phrasiert:

Nach einer kleinen Weiterführung dieses Themas wird die Taktart: $^6/_8$, und die ersten Violinen und Violen tragen, ebenfalls in C-dur, kräftig das Thema vor:

Dieses nehmen die Flöten auf. In frischer Weise fliessen die weitergesponnenen (letzten) Achtel des Themas (20) dahin, bald anwachsend, bald abfallend. Jetzt erscheinen wieder die Themen 18 und 19, von denen des letzteren Anfangstakte den Holzbläsern, Hörnern und Posaunen Gelegenheit zur Steigerung des Klangkomplexes geben. Aus dieser Steigerung wächst ein Satz heraus, dessen Tonstärke auf Pianissimo gestimmt ist. Das Thema 18 wird von den Klarinetten umgestaltet:

mit Bestimmtheit fällt die Flöte ein:

in Achteln und Sechzehnteln nimmt der Satz seinen bewegten Fortgang, um im weichen As-dur anzuhalten. Zuerst in den Flöten, dann in den Oboen leuchtet das Thema 18 in teilweiser Umarbeitung auf:

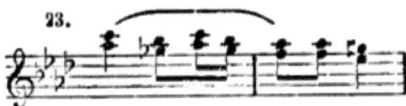

Auf ruhevollen Accorden verklingt diese Episode; da tönt aus „weiter Ferne", „wie die Weise eines Posthorns" in „sehr gemächlichem" Zeitmass das Flügelhorn in B:

unterbrochen von einer bereits früher als Begleitung auftauchenden und neu figurierten Terzenreihe:

Wieder bläst das Flügelhorn einige Takte allein und „a tempo" springt in den Flöten das Thema dahin:

Nun gesellen sich zu dem Flügelhorn (in B) zwei Hörner des Orchesters, in „geheimnisvoller Hast" stürzt nach diesem Triosatz das Orchester dahin, bis es sich wieder in lustige Weisen auflöst. Fröhlich musiziert das Orchester weiter, das Thema 26 in einer Reihe von Kombinationen verarbeitend. Die Triole gewinnt im Rhythmus die Oberhand. Die Tonwellen beruhigen sich, einsam erklingt die Weise des Flügelhorns und „wie nachhorchend" geht der Satz, in dem noch einige Motive aus früheren Themen aufflackern, zu Ende. Dem zarten (C-dur) Accord folgt noch ein kurz abgerissenes Achtel im Fortissimo.

Auch aus dem dritten Satz weht der Hauch echten Naturlebens. Der Wald mit seinen Schönheiten winkt uns zu. Was die „erzählen", die dort ihres Daseins sich freuen, denen bereits Bewegungs- und „Willens"freiheit gegeben? Man vergleiche im 3. Satz die Rhythmisierung, kurz die Notenwerte mit denen des 2. Satzes. Im 3. Satz ist der erste Schritt in der Weiterentwicklung und Vervollkommnung des Naturlebens vollzogen.

No. 4.

Sehr langsam. Misterioso. Durchaus *ppp*. (D-dur, $^2/_2$ Takt.)

„O Mensch! O Mensch!
Gieb acht! Gieb acht!
Was spricht die tiefe Mitternacht?
Ich schlief! Ich schlief!
Aus tiefem Traum bin ich erwacht!
Die Welt ist tief! und tiefer als der Tag gedacht!
O Mensch! O Mensch!
Tief ist ihr Weh!
Lust tiefer noch als Herzeleid!
Weh spricht: Vergeh!
Doch alle Lust will Ewigkeit, will tiefe, tiefe Ewigkeit."

Worte von Nietzsche.

Geheimnisvoll streichen Celli und Bässe das tiefe *a*, dann in Vierteln zum *h* aufsteigend und wieder zum *a* zurückkehrend. Eine Altstimme beginnt nun ebenfalls auf dem Tone *a* jene herrlichen Worte Nietzsches vorzutragen. Nach den beiden ersten Ausrufen „O Mensch!" setzen die

Bässe mit *d* ein, desgleichen die Celli, letztere jedoch das *d* mit dem *a* fortwährend abwechslungsweise vertauschend. Der Orgelpunkt auf *d* hält während des ganzen Satzes an und wird nur zweimal kurz unterbrochen. In den letzten 8 Takten wird in den Celli und Bässen das *d* wieder zum *a* bez. *h*.

Es wäre unkünstlerisch, wollte man diese wundervollen Tonreihen analytisch zerpflücken. Der Tondichter hat hier einen Stimmungszauber über die textliche Unterlage ausgegossen, der vielleicht manchem als fremdartig erscheint. der aber in seiner einfachen, einheitlichen Form, in seiner mysteriösen Weihe einen ergreifenden Eindruck hinterlässt. Ein Melos spricht da zu unserm Herzen, das auch vom Herzen des Tondichters kommt. Es ist hervorzuheben, in welch' natürlicher, ungesuchter Weise dieses Altsolo in die Symphonie eintritt. Wie in der 2. Symphonie (das Urlicht), so hat auch hier der Tondichter eine gedankliche wie musikalische Steigerung erzielt. Und diese wirkt um so mächtiger, als sie aus dem Innern des Werkes herauswächst.

Nun ist in das Naturleben der Verstand, der Geist, das Bewusstsein eingezogen. Der Mensch „erzählt". Er bedeutet in der Entwicklungsreihe von der starren Materie zur höchsten Artikulation ein gewaltiges Bindeglied.

Diesem genial erfassten Altsolo folgt ohne Unterbrechung:

No. 5.

Lustig im Tempo und keck im Ausdruck. (F-dur, ⁴/₄ Takt.)

Bimm — Bamm, Bimm — Bamm, Bimm — Bamm .. —
Es sungen drei Engel einen süssen Gesang;
Mit Freuden es selig in dem Himmel klang,
Sie jauchzten fröhlich auch dabei,
Dass Petrus sei von Sünden frei.
Und als der Herr Jesus zu Tische sass,
Mit seinen zwölf Jüngern das Abendmahl ass:
Da sprach der Herr Jesus: Was stehst Du denn hier?
Wenn ich Dich anseh', so weinest Du mir!

Und sollt' ich nicht weinen, Du gütiger Gott.
      (— Du sollst ja nicht weinen! —)
Ich hab übertreten die zehn Gebot.
Ich gehe und weine ja bitterlich.
      (— Du sollst ja nicht weinen! —)
Ach komm' und erbarme Dich über mich.
Hast Du denn übertreten die zehn Gebot',
So fall' auf die Kniee und bete zu Gott!
Liebe nur Gott in alle Zeit!
So wirst Du erlangen die himmlische Freud',
Die himmlische Freud' ist eine heilige Stadt,
Die himmlische Freud', die kein Ende mehr hat!
Die himmlische Freude war Petro bereit't,
Durch Jesum und Allen zur Seligkeit.
      Worte aus des „Knaben Wunderhorn".

Mit einem kräftigen „Bimm-Bamm" setzt der Knabenchor ein, von vier abgestimmten Glocken (*f*, *g*, *d*, *c*) begleitet. Während der Knabenchor fröhlich weiterklingt, setzt der dreistimmige Frauenchor mit der Wiedergabe der ersten vier Verse ein. Das Orchester, in dem noch der Streicherchor bei Seite gelassen, rhythmisiert:

Die „Erzählung" selbst (Vers 5) beginnt die Altstimme vorzutragen; mit den Worten „da sprach der Herr Jesus" fährt der Frauenchor fort. Und jetzt vertritt diese gleichsam die Rolle des Petrus. Während die Altstimme des letzteren Worte wiedergiebt, übernimmt der Frauenchor die besänftigenden Worte Jesus' sowie die allgemein geltenden Schlusszeilen, dies teils in allen Stimmen, teils geteilt und mit dem Motiv „Bimm-Bamm" abwechselnd. Ueber dem Ganzen schwebt stets der Gesang des Knabenchors mit seinem kräftigen „Bimm-Bamm"; bei den letzten vier Versen teilt auch er sich mit den Frauenstimmen in die jubelnden Worte.

Mit dem Einsetzen der Altstimme werden auch die Celli und Bässe thätig, denen nach 13 Takten die Violen sich zugesellen. Im weiteren Verlauf treten diese auch als geteilte Gruppen auf. Dagegen fehlen die ersten und zweiten Violinen während des ganzen Satzes(!). Thematisch betrachtet kehrt 27 öfters wieder, bald in den Streichern, bald in den Bläsern, bald selbständig, bald als Begleitung. Nach den Worten „... und weine ja bitterlich" schwillt das Orchester stetig an und rafft sich zum Forte empor. Ungemein leise klingt der Satz aus.

Als Bindeglied zwischen den einzelnen Tongruppen, die bei der Komposition der Verse entstanden, benützt der Tondichter ein schlichtes, inniges Melos, das zuerst die Violen, dann die Harfen singen:

Im 5. Satze steigert der Tondichter seine Gedanken nochmals. Er versetzt sich und uns in ein „transzendentales" Leben. Der Mensch gelangt in seiner Vervollkommnung zu „überirdischen" Ausblicken. Die Altstimme tritt zu dem Chor der Engelstimmen hinzu, die menschliche Psyche in den Kreis der Geläuterten. Freilich erscheint diese Idee im Gewande einer rein christlichen Weltanschauung; die letztere ist wohl nur vom Standpunkte des D i c h t e r s aufzufassen.

Ohne Unterbrechung folgt:

No. 6.

Langsam. Ruhevoll. Empfunden. (D-dur, ⁴/₄ Takt.)

„Sehr gebunden, sehr ausdrucksvoll" tragen die Streicher (die ersten und zweiten Violinen spielen wieder mit) das beseelte Thema vor:

Die ersten Violinen setzen aus, die zweiten singen weiter:

Nach acht Takten gesellen sich die ersten Violinen wieder hinzu, eine Oktav höher ebenso „gesangvoll" fahren sie fort:

Etwas bewegter und drängender fliessen die warmen melodischen Linien dahin, von den Hörnern mit dem leidenschaftlichen:

unterbrochen. Im „ruhevollen" Tempo entwickeln die ersten
Violinen das Motiv:

33.

Nun verwebt der Tondichter verschiedene Themen in einander, so in den Flöten und Oboen: 31, in den ersten Violinen: 29. Der Tondichter lässt hierauf im Pianissimo sein
Orchester nach Cis-moll, dann nach Ges-dur, endlich nach
H-dur modulieren, die verschiedenen Themen und Motive
weiterbauend und kombinierend. In mächtiger Steigerung
bewegen sich jetzt die Klangmassen (nach kurzem Es-dur)
wieder nach D-dur, um sich in leisem Cis aufzulösen. In
warm getönter Polyphonie verbreiten sich die Themen,
unter denen auch 33 (in den Flöten und Violinen) erscheint.
Im grossartigen Anschwellen des Orchesters schmettern
„mit höchster Kraft" die Hörner ihr leidenschaftliches
Thema: 32. Nochmals sinkt das Orchester zum Pianissimo
zurück, um zu einem „gesättigten, edlen" Forte sich aufschwingen. Im vollen D-dur erreicht das Werk sein Ende.

Der Gipfelpunkt, die höchste Steigerung des Werkes
ist erzielt. Die Alles beseligende und belebende „L i e b e",
in pantheistischer Weise gleich als höchstes Wesen gedacht,
hat uns von ihrem Sein und Werden, Können und Wollen
„erzählt".

* * *

Die 3. Symphonie Gustav Mahlers bedeutet gegenüber
der ersten und zweiten Symphonie einen weiteren Fort-
schritt im Schaffen dieses Tondichters. Mit der Grösse
des Vorwurfs wuchs auch der Autor. Jetzt steht jede Note
festgezimmert, jetzt vereint sich Inhalt und Form in innig-
ster Weise. Man vergegenwärtige sich die Abgeschlossen-
heit des 4. Satzes, die poetische Kraft des Schlusssatzes.
Auch auf Mahler lassen sich die Worte Nietzsches an-

wenden: „. . . Ich überspringe oft die Stufen, wenn ich steige, das verzeiht mir keine Stufe. Bin ich oben, so finde ich mich immer allein. Niemand redet mit mir. Der Frost der Einsamkeit macht mich zittern. Was will ich doch in der Höhe?"

Vielleicht ist das das Grosse auch von der 3. Symphonie, dass Inspiration und Verstand sich aufs Innigste durchdrangen und ein Trennen des einen vom andern unmöglich machten. Das schliesst auch das Rätsel einer reifen, abgeklärten Künstlernatur in sich. So erklärt es sich, dass jene Anschauung, die dem Tondichter zuerst ein Programm zusammenkleben und nach diesem seine Arbeit verrichten lässt, zu den bedenklichsten gehört, die je gegenüber der Programm-Musik ausgesprochen worden sind. Was für den alten Dittersdorf oder den biederen Buxtehude gilt, muss bei weitem noch nicht seine Anwendung beim modernen Künstler finden. Woher also die in Worte übersetzte, tondichterische Idee? Der aus innerem Drange heraus formende Künstler gestaltet eben so, wie seine Psyche ihn zwingt, wie sein Verstand es billigt. Es ist die Bethätigung des menschlichen Geistes auf einem Gebiet, das für das Wort unerreichbar ist. Erst n a c h Vollendung des Werkes sucht der Schöpfer auch nach Worten für seine Tonsprache, nach „aussprechbaren" Folgerungen für seine Tonwelt. Und dies ist bei Gustav Mahler der Fall. Es wäre irrig, einen Vorgang, der lediglich auf die Befreiung der von den Erlebnissen befruchteten Ideen aus den Fesseln des menschlichen Beschränktseins Bezug hat, mit einem rein äusserlichen Suchen nach Anhaltspunkten verwechseln zu wollen. Aus diesem Grunde trete man auch der 3. Symphonie ohne „Programm" vorurteilsfrei und liebevoll gegenüber.

Gustav Mahler
IV. Symphonie

Gustav Mahlers IV. Symphonie G dur gehört zu ihren ungleich größeren, tragischen Vorgängerinnen als Schlußakt, als Satyrspiel zur Tragödie. Nicht mehr das gewaltige Stürmen des ringenden Promethiden (1. Symphonie), nicht mehr die Sehnsucht nach Frieden im Reiche der Idee (II.) oder der Liebe (III.): es ist ein Werk der Ruhe und des Glückes und unter einem wolkenlosen Himmel geboren.

Nur einmal, im Scherzo, das übrigens manche Vergleichspunkte zu dem schaurigen Nachtstück der II. Symphonie bietet, erklingt die Fiedel des Geigers Tod; aber auch er ist als Vagant verkleidet und spielt den Tieren des Waldes zum Tanz auf.

Unter den Symphonien Mahlers nimmt die IV. durch ihre Kürze und ihre kleine Orchesterbesetzung eine Ausnahmestellung ein, ist aber durch die meisterhafte Ausnützung der geringen Mittel wie durch das Zusammendrängen ihres reichen Inhalts auf einen kleinen Raum geradezu die kunstvollste von allen zu nennen. Die Partitur ist durch ihre feine Polyphonie und die außerordentlich dünne und doch deutliche Instrumentierung ein wahres Kompendium der modernen Orchesterkunst, durchaus voll eigentümlicher Klangschönheit. Die Kürze des zur Verfügung gestellten Raumes macht es leider unmöglich, auf die vielen formellen Feinheiten näher einzugehen; viele Details der Satztechnik und des Aufbaues müssen übergangen werden. Der „Führer" muß sich damit begnügen die wichtigsten Merk- und Haltepunkte anzugeben und die Themen in ihren einfachsten Formen zu notieren.

Die Besetzung des Werkes ist: Streichorchester, 4 Flöten (3. u. 4. abwechselnd mit Piccolo), 3 Oboen (3. abwechselnd mit Englisch Horn), 3 Klarinetten (2. abwechselnd mit Es-Klarinette, 3. mit Baßklarinette), 3 Fagotte (3. abwechselnd mit Kontrafagott), 4 Hörner, 3 Trompeten, 1 Harfe und Schlagwerk: Pauken, große Trommel, Triangel, Schelle, Glockenspiel, Becken, Tamtam.

I. Satz.

(G dur, $^4/_4$, als Haupttempo: recht gemächlich.)

Eine dreitaktige Einleitung (Holzbläser und Schellen) nimmt eine Themengruppe des Finales voraus (I), die aber

I. *Bedächtig. Nicht eilen.*

schon im Verlauf des ersten Satzes zu großer Bedeutung gelangt.

In der zweiten Hälfte des dritten Taktes beginnt das Hauptthema (II) von den ersten Geigen über begleitenden

II. *Etwas zurückhaltend. Recht gemächlich.*

Pizzikato-Akkorden der 2. Violinen und Bratschen im Achtelrhythmus; die Fortsetzung (Takt 5) wird von den tiefen Streichern, zum Schluß (Takt 7) vom 1. Horn übernommen. Eine kurze Weiterbildung des aufsteigenden Ganges (II, Takt 5) führt zur (kanonischen) Wiederholung des Themas, welches neu fortgesetzt (III) und gesteigert in eine Art

III.

Überleitungssatz führt, der sich als Kombination zweier neuer Rhythmen darstellt (IV). Eine rasche Modulation

IV. *Frisch*

nach D dur leitet in die zweite Themengruppe („Seitensatz"). Eine breite, dreiteilig angelegte Melodie (V) wird vom

V.

Violoncello eingeführt, von den Bläsern abgelöst, endlich von den Geigen gesteigert und zum Abschluß gebracht; daran knüpft sich sofort ein neues Motiv („Schlußsatz"), zuerst als kleines Duett zwischen Oboe und Fagott auftauchend (VI), von der ergötzlichsten Heiterkeit im Ausdruck; nach

VI. *Plötzlich langsam und bedächtig.*

einem kurzen Aufbrausen verklingt es in den tieferen
Bläsern, endlich im Violoncello, dann im Kontrabaß. Damit wäre nun eigentlich nach allen Regeln das Ende einer
ungemein kurzen und prägnanten Exposition erreicht, und
tatsächlich klingen in die letzten hüpfenden Sechzehntel des
Kontrabasses die von Schellen begleiteten Einleitungsmotive (I) und leiten scheinbar die Wiederholung vom Anfang ein. Wirklich wird mit geringen Änderungen das ganze
Hauptthema bis zu seinem dritten Teil wiederholt, aber sofort abgebrochen, und sehr überraschend beginnt hier ein
neuer Abgesang, der durch Erweiterung eines kleinen Motives entstanden ist, das erst ganz unscheinbar und wie zu-
fällig schon bei der ersten Wiederholung des Hauptthemas
als Gegensatz in dessen drittem Takt aufgetreten war (VII).

VII.

Daraus wird nun der eigentliche erste Abschluß gebildet,
der ungemein zart im dreifachen *p* verklingt.

Die Durchführung beginnt mit einer Einleitung (H moll),
in der die Motive der ersten beiden Themengruppen (I. und
II) in den mannigfachsten Kombinationen durcheinanderklingen; nach einer Steigerung auf den Septakkord C-E-G-H
werden sie vorläufig fallen gelassen und mit dem folgenden
A dur („fließend aber ohne Hast") geschieht der Eintritt
des Hauptteils der Durchführung.

VIII.

Von den 4 Flöten im Einklang wird ein neues Thema
eingeführt (VIII); als Gegensatz dazu der Rhythmus von
Beispiel VII; im Kontrabaß ein lang dauernder Orgelpunkt

(A—E pizz.), im Violoncello zarte Triller und Sechzehntel-figuren. Nun treten Motive der Hauptgruppe zu dem eben eingeführten Thema, dessen charakteristische drei Anfangs-töne bald eine neue Fortsetzung erhalten (IX). Ein fort-

IX.

während modulierendes Motivenspiel leitet zum zweiten Teil der Durchführung, der im Gegensatz zu den bisherigen aufgelösten Gruppen eine gefestigtere Gestalt hat (F moll).

Aus Motiven der I. und II. Gruppe ist ein neues Gebilde entstanden (X), das zunächst in melodischer Gestalt auftritt

X.
4 Fl.

und sogar zum Teil wiederholt wird. Wieder treten die alten Motive dazu, und es erfolgt nunmehr die Zusammenziehung und Steigerung bis auf den Höhepunkt des ganzen Satzes (C dur ⁶₄, Orgelpunkt auf G, ff ganzes Orchester), welcher von dem Thema IV beherrscht wird: als Gegensätze erklingen dazu die wichtigsten der bisher durchgeführten Motive in ihrer einfachsten rhythmischen Form. Dieser Zusammen-fassung folgt ein rasches Abklingen, ein phantastisches Durcheinander von Motiven der ersten Gruppe, dazu eine Trompetenfanfare in Cis moll. Mitten hinein ertönt plötzlich das Hauptthema in vergrößerter und variierter Gestalt (Oboen und Klarinetten); alles verklingt, darauf eine kleine Spannungspause, da nehmen die Streicher das unterbrochene Thema in seiner Anfangsgestalt wieder auf (G dur): eine Rückführung von unwiderstehlicher Lustigkeit. Die Reprise bringt die Themen der Haupt- und Seitensatzgruppe in der gewohnten Tonartenverschiebung, im Einzelnen namentlich dynamisch stark verändert, aber doch mit Beibehaltung der Hauptzüge. Auch der in der Exposition so überraschende zweite Abschluß kehrt wieder, ist aber diesmal zu einer langen Coda ausgeweitet, die in ihrem ersten Teil (E moll beginnend) noch einmal eine förmliche Durchführung der Gruppen I und II bringt, woran sich eine melodische Ausgestaltung des Motives VII schließt, immer beruhigend und abklingend bis zu einem kleinen Rezitativ des ersten Hornes unter den liegenden Streichern. Ein Accelerando und Crescendo des zögernd eintretenden Hauptthemas (I) führt in wenigen Takten zu dem Sechzehntelmotiv des Themas IV, welches den ersten Satz kräftig abschließt.

II. Satz.

(C moll, $^3/_8$. In gemächlicher Bewegung, ohne Hast.)

Noch viel mehr als im ersten Satz herrscht im Scherzo ein eigentümlich phantastisches Helldunkel vor; ein Schwanken zwischen skurril-schauerlichen und gemütlichen, ländlerartigen Tanzweisen von Wiener Art. Eine führende Rolle ist der Sologeige zugewiesen; ihre Saiten sind um einen Ton höher gestimmt, um einen grell abstechenden Klang zu erzielen. Ihr tritt aus der Gruppe der Bläser das erste Horn beziehungsvoll an die Seite.

Der Aufbau des Satzes entspricht am ehesten einer Art von Rondoform mit Variationen. Die Entwickelung der Motive geschieht vorwiegend melodisch, nicht in aufgelöster thematischer Arbeit.

Erst eine kurze Einleitung: ein wiederholter Hornruf, beantwortet von einem kichernden Bläsermotiv (I), noch

zwei vorbereitende Takte, dann spielt die Solovioline, von Streichern sehr zart begleitet, das fließende Hauptmotiv (II),

11.

Solo-V. (sehr zufahrend).

das durch die häufige betonte Wiederkehr seiner Anfangs-
rhythmen (Auftakt und erster Takt) einen ungemein eindring-
lichen, fast quälenden Charakter erhält; etwa wie ein traum-
haft peinigender Gedanke, der sich nicht abschütteln läßt
und immer wiederkehrt.

Das Motiv ist liedartig ausgestaltet und endigt in
C moll; daran schließt sich ein kurzer refrainartiger, zweiter
Teil in C dur (III) von gedämpften Streichern über dem

III. Viol. m. Dpf.

Orgelpunkt C der Hörner und Klarinetten gespielt. Der
Charakter der hartnäckigen Wiederkehr ist ihm wie dem
Hauptthema eigen; die Instrumentation betont dieses Moment
noch besonders durch Markierung des sich immer wieder-
holenden hohen F der Streicher, durch die glitzernden Töne
der Harfe und des Glockenspiels. Nach diesem Zwischensatz
wird das Hauptthema (I) in veränderter Instrumentierung
wiederholt, der erste große Teil ist damit zu Ende.

Zwei Takte Überleitung, aus dem Hornmotiv (I) gewonnen, leiten den zweiten Hauptteil „Trio“ („etwas gemächlicher“, F dur) ein. Die Bläser, geführt von der Klarinette,
beginnen ein lustiges Tanzmotiv (IV), das von Oboen und

IV. *Lustig.*

Kl.

Flöten fortgeführt wird. Die Streicher antworten darauf mit einer ruhig wiegenden Weise (V), zu der Horn und V.

Klarinetten lebhaft kontrapunktieren. Auch dieses Stück wird liedartig in seiner Haupttonart zu Ende geführt, und ein kurzer Anhang bereitet den Eintritt des ersten Hornrufes vor. Nun folgen die Variationen. Erst werden das Hauptthema und sein Refrain zweimal in mannigfachen Orchesterparaphrasen wiederholt, dann auch das Trio, letzteres namentlich zu Anfang weicher und schmiegsamer rhythmisiert als das erste Mal.

Der Anhang führt aber diesmal nicht zur Haupttonart (C moll) und zur Wiederholung des ersten Teils, sondern nach D dur, und in noch ruhigerem Tempo erhält das Trio eine Vergrößerung.

In seine letzten Takte klingt der Hornruf des Anfangs hinein, und noch einmal — aber phantastisch verkürzt und verändert — ziehen Hauptthema und Refrain an uns vorüber. Auf dem Orgelpunkt C schließt sich daran eine kurze Coda, welche die wichtigsten Motive der ersten beiden Teile in allerhand spukhaft gespenstischen Verzerrungen scheinbar regellos durcheinander geschüttelt wiederholt. Die führende Rolle spielt dabei das Hornmotiv des Anfangs. Zum Schluß erscheint es in den tiefen Klarinetten: ein wildes Auflachen der antwortenden hohen Holzbläser (Ob., Fl., hohe Kl. unterstützt von Glsp., Tgl., Harfe) schließt den Satz in C dur.

III. Satz.

(G dur, $^4/_4$. Ruhevoll.)

Das Adagio (formell Variationen über zwei Themen)
ist aus zwei gegensätzlichen Stimmungen aufgebaut: einem
ungemein ruhigen und zarten, lang ausgedehnten Gesang in
G dur und einem leidenschaftlich bewegten, rezitativartig gestalteten zweiten Thema. Im weiteren Verlauf steigert sich
das Anfangsthema bis zu ausgelassener Lustigkeit, kehrt
dann zu der Stimmung des Beginns zurück; nach einem be-
deutsamen Hinweis auf den Eingang des Finales verklingt
der Satz in mystisch-feierlichen Akkorden.

Das Hauptthema (I), von den geteilten Violoncellen be-

gonnen, begleitet von tiefen Streichern und einem pizzikierten Motiv der Kontrabässe, ist als dreiteiliges Lied angelegt:
im 3. Teil tritt zu dem etwas variierten Gesange der Violoncelle ein ausdrucksvolles Gegenmotiv der zweiten Violine (II).

Das Thema wird aber noch nicht abgeschlossen, sondern
noch einmal von den Geigen aufgenommen (dazu der Gegensatz in der Oboe), durch eine Wendung nach D dur erweitert, nach G dur zurückgeführt, und jetzt erst beginnt
ein breiter Abgesang, der in mehreren Kadenzen absteigend
G dur befestigt und zu einem vorläufigen Abschluß bringt.
Die liegende Oktave H des ersten und zweiten Hornes vermittelt den Übergang in das zweite Hauptthema (E moll,
„viel langsamer").

Die erste Oboe singt eine langgedehnte, klagende Melo-

die, die im 5. Takt von den Violinen übernommen und vorläufig zum Abschluß gebracht wird. Als Begleitungsfigur
taucht hier (im Fagott) und bei dem neuerlichen Beginnen
des E moll-Motives das pochende Pizzikatomotiv vom Anfang des Adagios in verkleinerter Form wieder auf.

Noch einmal beginnt die Oboe mit ihrem Gesang, der
aber jetzt anders fortgesetzt und mit dem Teilmotiv a weiter
gesteigert wird bis auf einen Höhepunkt in D moll. Darauf
ein rasches Verklingen, ein kurzer Abgesang aus den früheren Motiven herausgebildet (IV), der im Kanon gebracht,

verkleinert und rhythmisch verschoben wird und mit dem
eindringlich wiederholten Quartenschritt D—A, zum Schluß
umgewandelt in den Terzenschritt D—B, sehr fein die nun
folgende erste Variation vorbereitet.

„Anmutig bewegt" folgt die veränderte Wiederholung
des ersten Teiles (G dur), mit beschleunigten Rhythmen (V), wobei das Terzenmotiv des Violoncello eine wich-

tige Rolle spielt. Der Abgesang ist durch eine vorüber-
gehende Wendung nach B ein wenig erweitert. Wieder
führen lange Horntöne zum zweiten Hauptthema, das diesmal in verschleierter Form in G moll auftritt. Der erste
Teil ist nicht bloß variiert, sondern ganz neu gestaltet und
gesteigert; erst der zweite Teil („leidenschaftlich und etwas
drängend") schließt sich eng an die analoge Stelle von
früher (III Teilmotiv a) an. Der Höhepunkt und Schluß ist auf
Fis moll; wieder wird die nächste Variation vorbereitet, aber
nicht wie früher aus dem Abgesang, sondern aus dem Hauptthema ringt sich langsam der neue Rhythmus los (VI).

VI.

Andante ¾ G dur beginnt die neue Variation des I. Hauptthemas (VII). Das Tempo wird aber nur bis zur ersten

VII.

Wiederkehr festgehalten. Diese erscheint im Allegretto
subito; auch dieses wird bald verlassen, um einem Allegro
subito (²/₄ E dur) zu weichen; noch einige Takte Allegro
molto (subito) führen zum Höhepunkt, worauf wieder plötzlich das Anfangstempo und mit rascher Modulation auch
die Anfangstonart der Variation aufgegriffen wird, ein
paar Takte vor Beginn des Abgesanges. Dieser vierfache
Tempowechsel, der sich trotz kleiner Erweiterungen noch
immer innerhalb eines sehr engen Raumes abspielt, ist
namentlich gegen Ende von unbeschreiblich humoristischer
Wirkung. Der Abgesang ist diesmal ebenfalls erweitert
und schließt noch beruhigender als das erstemal mit einem
leisen Akkord der Klarinetten und Flöten, dazu die verklingenden Pizzikati der Violoncelle und Kontrabässe.

Auf einmal, ganz unerwartet, ein plötzlicher Aufschwung der Streicher, und im ganzen Orchester erklingt ein rauschender E dur-Akkord, Hörner und Trompeten spielen ff zum erstenmal, einander ablösend das Anfangsthema des Finales in breiten Rhythmen (IV. Satz I.). Nach einem raschen Verklingen setzen die ersten Geigen („sehr zart und innig") noch in E dur mit einer verklärenden Form des leidenschaftlichen II. Hauptthemas (III Teilmotiv a, Takt 2) fort, über C dur folgt eine Rückung nach D und mit feierlich-geheimnisvollen Klängen schließt der Satz in dieser Tonart.

IV. Satz.

(G dur. $^4/_4$. „Sehr behaglich".)

Im Finale, das sich unmittelbar an das Adagio schließt, sogar thematisch daselbst schon antezipiert war, ist es zum erstenmal gewagt worden, ein einfaches Lied ans Ende einer Symphonie zu stellen.

Ein wundervolles Gedicht aus „Des Knaben Wunderhorn", betitelt „Der Himmel hängt voll Geigen", (ein bayrisches Volkslied) liegt ihm zugrunde: ausgenommen vier Zeilen der vierten Strophe ist es für eine hohe Frauenstimme mit Orchester vollständig durchkomponiert. Der Text in der Partitur Mahlers lautet:

> Wir genießen die himmlischen Freuden,
> Drum tun wir das Irdische meiden.
> Kein weltlich Getümmel
> Hört man nicht im Himmel!
> Lebt alles in sanftester Ruh'!
> Wir führen ein englisches Leben!
> Sind dennoch ganz lustig daneben!
> Wir tanzen und springen,
> Wir hüpfen und singen!
> Sankt Peter im Himmel sieht zu!

Johannes das Lämmlein auslasset,
Der Metzger Herodes drauf passet!
Wir führen ein unschuldig's,
Unschuldig's, geduldig's,
Ein liebliches Lämmchen zu Tod!
Sankt Lukas den Ochsen tät schlachten,
Ohn' einig's Bedenken und Achten,
Der Wein kost kein Heller,
Im himmlischen Keller,
Die Englein, die backen das Brot.

Gut Kräuter von allerhand Arten,
Die wachsen im himmlischen Garten!
Gut Spargel, Fisolen,
Und was wir nur wollen!
Ganze Schüsseln voll sind uns bereit!
Gut' Äpfel, gut' Birn' und gut' Trauben!
Die Gärtner, die alles erlauben!
Willst Rehbock, willst Hasen,
Auf offener Straßen
Sie laufen herbei.

Sollt ein Festtag etwa kommen
Alle Fische gleich mit Freuden angeschwommen!
Dort läuft schon Sanct Peter
Mit Netz und mit Köder
Zum himmlischen Weiher hinein.
Sankt Martha die Köchin muß sein.
Kein Musik ist ja nicht auf Erden,
Die uns'rer verglichen kann werden.

Elftausend Jungfrauen
Zu tanzen sich trauen!
Sankt Ursula selbst dazu lacht!
Cäcilia mit ihren Verwandten
Sind treffliche Hofmusikanten!
Die englischen Stimmen
Ermuntern die Sinnen,
Daß alles für Freuden erwacht.

Ein kurzes Orchestervorspiel, von der Klarinette angestimmt (I) und äußerst zart instrumentiert, bereitet den Ein-

I. Kl. sehr behaglich.

tritt der Singstimme vor. Die erste Strophe wird ohne Modulation ruhig zu Ende geführt und mündet in einen durch
seine Oktaven- und Quintenparallelen sehr charakteristischen Refrain („Sankt Peter im Himmel sieht zu“), der
übrigens aus dem V. Satz der III. Symphonie („Ich hab'
übertreten die zehn Gebot'“) zitiert ist (II).

II.

Sankt Pe-ter im Himmel sieht zu

Darauf beginnt („Plötzlich frisch bewegt“) ein längeres,
grotesk-lustig instrumentiertes Orchesterstück mit der bereits
aus dem ersten Satz wohl bekannten Gruppe III, die ein heiter
lärmendes Durcheinander im Himmel veranschaulichen mag.

III.

Gest. Hörner, dazu Schellen.

Dazu tritt (E moll in Hörnern, Klarinetten und Oboen) das Anfangsthema (I) und bereitet die zweite Strophe vor. Noch deutlicher als oben ist hier das Zitat aus der III. Symphonie („Und sollt ich nicht weinen, du gütiger Gott"), freilich mit gänzlich verändertem Ausdruck.

Aufs ergötzlichste schildert das Orchester das klägliche Jammern des Lämmleins und das Stöhnen des Ochsen, ohne dabei aus dem thematischen Fluß und aus der legendenhaft-humoristischen Stimmung des Stückes zu fallen. Der Refrain von früher bildet auch hier den Schluß („Die Englein die backen das Brot"). Die dritte Strophe, abermals von Schellengeklingel (III) eingeleitet, knüpft an die Melodie der ersten Zeilen an, ist aber dem Text entsprechend neu fortgesetzt. Die Sechzehntelfiguren der Streicher und Bläser malen das lustige Gewimmel der Tiere im himmlischen Schlaraffenland. Wieder schließt der Refrain („Sankt Martha die Köchin muß sein"). Abermals beginnt das Lärmen und Schellenklingen, wird aber rasch abgedämpft, die Modulation führt nicht in die Haupttonart G zurück, sondern nach E dur.

Über den zarten Orgelpunktklängen der tiefen Harfentöne (unterstützt vom Pizzikato der Bässe, dann Violoncelle und des Englisch Horns stimmen die Geigen (gedämpft) und die erste Flöte eine sehr zarte, wiegende, tanzartige Weise an (IV). Die Singstimme be-

IV. V. m. Dpf. u. Fl.

ginnt nochmals mit dem Hauptmotiv; erst bei den Worten „Die englischen Stimmen ermuntern die Sinnen" tritt das neue Thema in seiner Originalform wieder ein und wird bis zum Ende des Stückes, nach und nach verklingend festgehalten. In weiter Ferne scheinen die letzten Töne zu entschwinden, endlich sind nur noch die Baßtöne der Harfe hörbar, das tiefe, lang ausgehaltene E des Kontrabasses (ppp morendo) bildet den Schluß der Symphonie.

Gustav Mahler

V. Symphonie

Die ersten vier Symphonien Gustav Mahlers bilden ein abgeschlossenes Ganzes, eine Tetralogie mit einer stürmischen Exposition und einem in versöhnender Ruhe abklingenden Schluß. Ihnen allen ist ein kosmisch-transzendentales Element gemeinsam, das in der II., III. und IV. Symphonie auch seine dichterische Verdeutlichung findet. Ihnen allen liegt eine tief pessimistische Weltanschauung zugrunde: aus den Schmerzen des Lebens sehnt sich der Mensch nach Befreiung und Seligkeit in einem überirdischen Dasein.

Anders die V. Symphonie; sie ist ein Werk der freudigen Lebensbejahung. Ihr Schmerz und ihr Jubel ist von dieser Welt. Nicht mehr der verzückte Visionär spricht aus dieser Musik zu uns, sondern der kraftvolle Überwinder, der sich mutig durch die Gedanken von Tod und Vernichtung ringt und in der Freude am Schaffen und Gestalten, im „tätigen Leben" seiner Sehnsucht vergißt.

Mahler verzichtet in der V. Symphonie auf die menschliche Stimme als Ausdrucksmittel, begnügt sich mit einem allerdings großen Orchester. Die Anlage des Werkes ist dreiteilig in 5 Sätzen; die ersten beiden und die letzten beiden bilden Anfang und Schluß, in der Mitte steht ein in riesigen Dimensionen aufgebautes Scherzo. Die Orchesterbesetzung lautet: Streichorchester, 4 Flöten (3. und 4. abwechselnd mit Pikkolo), 3 Oboen (3. auch Englisch Horn), 3 Klarinetten (3. auch Baßklarinette), 3 Fagotte (3. auch Kontra-Fagott), 6 Hörner, 4 Trompeten, 3 Posaunen und Baß-Tuba, Harfe, Pauken, große und kleine Trommel, Becken, Triangel, Tamtam, Holzklapper.

I. Satz. Trauermarsch.

(Cis moll $^2/_2$. In gemessenem Schritt. Streng. Wie ein
Kondukt.)

An der Spitze des Satzes steht eine mächtig entwickelte
Fanfare, von einer einzelnen Trompete geblasen, von Or-
chesterschlägen unterbrochen (I) und vom Orchester zu

Ende geführt. An den Halbschluß auf der Dominante
schließt sich sofort das eigentliche Hauptmotiv, der Trauermarsch (II); eine gemessene, traurige Weise, vom Streich-

orchester, Klarinetten und Fagotten angestimmt. Sie wird
unter düsteren Hörner- und Posaunenklängen (dazu Pauke,
große Trommel, Tamtam) zu einem vorläufigen Ende geführt. Noch einmal beginnt die Trompete mit der Einlei-
tungsfanfare, aber nicht in der blanken Form des Anfangs,
sondern kräftig harmonisiert und etwas verkürzt. Auch der
Trauermarsch beginnt (in veränderter Instrumentierung)
noch einmal, wird diesmal melodisch erweitert und vollständig abgeschlossen. Ein weicherer zweiter Teil (III)

7

erklingt in den Holzbläsern, worauf ein kurzer Abgesang
(zurückgreifend auf den ersten Teil) mit den für Mahler
so charakteristischen Dur-Moll-Wendungen den eigentlichen Marsch in seiner Anfangstonart beendet. Leise
Trompetentriolen und Trommelschläge sind der Schluß.

„Plötzlich schneller. Leidenschaftlich. Wild" schließt
sich daran der erste Zwischensatz B moll („Trio"). Ein hef-
tiges Trompetenmotiv (IV), von stürmischen Geigenläufen

und synkopierten Posaunenakkorden begleitet. Nach zehn
Takten kehrt sich das Verhältnis um: die Geigen führen,
die Trompete kontrapunktiert (V). Das Thema wird trotz

seines rhapsodisch-leidenschaftlichen Charakters nicht auf-
gelöst, sondern melodisch fortgesetzt und als dreiteiliges
Lied gestaltet, dessen dritter Teil abermals von der Trompete angestimmt wird.

Eine neue Fortsetzung (VI) leitet die Modulation nach

F moll und damit die Schlußsteigerung ein, die ihren Höhepunkt auf dem Quartsextakkord von F moll erreicht. Darauf ein Abklingen; in die tremolierenden Streicherakkorde
mischen sich die vom Anfang her bekannten Trompetentriolen, welche feierlich die Wiederholung des Trauermarsches in seiner zweiten erweiterten Form an-
kündigen.

Ein neuer charakteristischer Gegensatz zum zweiten
Teil (As dur) des Themas ist wichtig (VII). Der Schluß

VII.

ist verändert und kürzer als das erste Mal. Das letzte
Wort hat die Pauke; ihre Triolen auf E vermitteln (abermals ohne Modulation) den Eintritt des zweiten Zwischen-
satzes (A moll).

Die neue Melodie (VIII) wird angestimmt von den ersten

VIII.

7*

Geigen und begleitet von zwei neuen Motiven in den geteilten zweiten Geigen und Bratschen, die im weiteren Verlauf deutliche Reminiszenzen aus dem ersten Zwischensatz (B moll) aufweist und als eine Variation davon anzusehen ist. (Vgl. IV, V und VI.) Das aufseufzende Motiv der Bratschen ist (wie auch die Tonart A moll) bereits eine Vorwegnahme des Hauptmotivs des zweiten Satzes, wo die ganze Gruppe erst zu ihrer eigentlichen Bedeutung gelangt.

Hier ist sie wie das I. Trio liedartig gebaut und gesteigert bis zum ff (Orgelpunkt auf e); wieder klingen ins Decrescendo die Trompetentriolen, und eine rasche Modulation führt nach Cis moll. Noch eine kurze Koda, die von der immer mehr verklingenden Trompetenfanfare beherrscht wird, zum Schluß ein Echo in der Flöte, ein Trommelwirbel und ein leises Pizzikato der tiefen Streicher.

II. Satz.

(A moll, $^2/_2$. Stürmisch bewegt. Mit größter Vehemenz.)

Der zweite Satz bringt die im I. noch verhaltenen Schmerzensakzente zum vollen Ausbruch; seine Thematik steht ganz und gar unter dem Zeichen des aufschreiartigen Nonenmotives, das in den verschiedensten Gestalten wiederkehrt und zur eindringlichsten Wirkung gelangt.

Rollende Baßfiguren (I), unterbrochen von schneidenden

I.

Trompetenakkorden bilden den Anfang; dann beginnt mit einem dreimaligen Ansetzen das Hauptthema (II), von ener-

II.

gischen Posaunenakkorden begleitet, als mächtig erweiterte
Periode entwickelt. Daran schließt sich eine neue Form
(III) des Themas, ebenfalls in langer melodischer Linie fort-

III.

gesetzt. In ihrem 11. Takt tritt ein neuer Kontrapunkt in
den Hörnern und Trompeten dazu, der im späteren Verlauf in dieser und in neuen Formen wichtig wird (IV). Zu

IV.

den abschließenden Takten des Hauptthemas (III) treten
die rollenden Figuren des Anfangs (I), diesmal in den
Hörnern, und führen das 1. Hauptthema (Violen und Violoncelle) wieder ein, dazu ertönt als kühner Kontrapunkt der
eben neu eingeführte Rhythmus (IV in den Trompeten).
Darauf ein Accelerando und plötzliche Wendung nach
A moll, ein rasches Abklingen des Orchesters. Über dem
Paukenwirbel C beginnt als „Gesangsgruppe" („Bedeutend
langsamer", „im Tempo des ersten Satzes ‚Trauermarsch‘")
der bereits wohlbekannte Klagegesang (I. Satz Beispiel VIII)
mit seinen beiden Begleitungsmotiven in etwas variierter
Form (V); nach ungemein breiter liedartiger Entwicklung

V.

führt eine kurze Steigerung zu dem plötzlichen Eintritt des
ersten Haupttempos und der rollenden Baßfiguren (I). Damit ist die Exposition beendet.

Die Durchführung beginnt nach wenigen einleitenden
Takten mit der kanonischen Verarbeitung des Themas IV,
das jetzt auch in einer neuen Gestalt auftritt, die aber erst
später (VI) zu größerer Bedeutung gelangt. Eine rasche
Steigerung führt zu einem Höhepunkt, der mit absteigenden Bläserläufen und dem aufschreienden Nonenmotiv (II)
verklingt. Ein Paukenwirbel auf B bleibt allein hörbar und
in Es moll beginnen die Violoncelle — zunächst ohne jede
andere Begleitung — einen langgedehnten rezitativartigen
Klagegesang. Die Hörner knüpfen daran als Fortsetzung
— immer in Es moll — das Motiv V in etwas veränderter
Form, die sich mehr dem I. Satz annähert. Als Gegensätze
treten dazu die Themen IV und II (Takt 4 und 5) und werden, während der Klagegesang verlassen wird, zu einem
kurzen, heftigen Ausbruch gesteigert, der eben so rasch
verklingt, um einem zweiten langsamen Zwischensatz zu
weichen, ebenfalls einem Zitat aus dem Trauermarsch
(I. Satz Beispiel III).

Erst nach dessen ruhiger Beendigung wird die Durch-
führung der Motive des II. Satzes wieder aufgenommen.
Ein scheinbar neues marschartiges Thema, entstanden aus
II und IV in As dur, taucht auf (VI), zuerst mäßig stark, wird

aber bald gesteigert und gelangt zu einer neuen glänzen-
deren Gestalt in A dur (Hörner, Trompeten, dazu Pauken
und Triangel und aufrauschende Streicherläufe). Ein

plötzliches Abbrechen auf dem verminderten Septakkord
ändert rasch das strahlende Bild, und das Baßmotiv I, verbunden mit dem Nonenmotiv von II führt rasch in großer
Steigerung die Reprise in A moll herbei. Diese ist formell
merkwürdig: Hauptthema (II) und Seitensatz (V) werden
nicht in dem gewohnten Hintereinander gebracht, sondern
ineinander verschränkt. Zum Schluß behält der zweite
Teil des Seitensatzes mit seinen Vierteltriolen (I. Satz VI)
die Oberhand, und aus ihm wird die Schlußsteigerung
entwickelt, die in eine lange Koda (beginnend in Es moll)
mündet. Die wilden Achtelfiguren des Hauptthemas, zuerst
in den Bässen, dann im ganzen Streichorchester abwechselnd,
treten wieder vor, auch das Thema IV erklingt (in den
Hörnern), endlich das schneidende Nonenmotiv. Da tritt
mit einer plötzlichen überraschenden Wendung nach D dur
im Blech ein neues Choralmotiv ein (zum Teil verwandt

VII.

mit dem Thema IV), das die Steigerung bis zu einem gewaltigen Höhepunkt weiterführt. Hier ertönt abermals
im Blech und D dur ein zweites Choralmotiv, welches in
Vergrößerung eines der wichtigsten Finalemotive antezipiert (Finale Beispiel III). Nach einem langsamen Abnehmen
tauchen noch einmal die Hauptmotive auf, werden in noch-
maliger Durchführung rasch gesteigert, noch rascher zum
Abklingen gebracht und leiten endlich zu einem kurzen
Abgesang in A moll. Ein seltsames Flimmern und Funkeln
im Streichorchester, dazu Akzente der Harfe und Holzbläser, — in Bässen und Violoncellen verklingt das vergrößerte Hauptthema (Beispiel II Takt 3). Das absteigende

Pizzikato der Bässe und Violoncelle, zum Schluß ein Pauken-
schlag solo — gleichsam ein Schlußpunkt — beendigen
dieses merkwürdige, fieberhaft wirre Tonstück, das mit
seinem vielen Wechseln des Tempos und der Stimmungen
ein fortwährendes rastloses Schwanken und Taumeln eines
vom Schmerz verstörten Inneren wiederzugeben scheint und
zum Schluß einen Blick gewährt ins Rätselhafte, Ungewisse
mit der Frage „Warum?" — Folgt lange Pause.

III. Satz.

Scherzo. (Kräftig, nicht zu schnell, D dur, ¾.)

Der Form nach erscheint der Satz als Scherzo mit
2 Trios, deren zweites ungewöhnlich groß angelegt ist.

Noch mehr als die vorhergehenden Sätze ist dieser
durch einen unglaublichen Reichtum an Rhythmen und
Kontrapunkten ausgezeichnet; mehr als je muß sich die
Analyse auf die nötigsten Konturen beschränken.

Das Hauptthema (I) wird ff von 4 Hörnern unisono an-

gestimmt, im 3 Takt übernimmt es das Corno obligato, (im
ganzen Satz als solches durchgeführt), endlich Flöten und
Oboen. Dazu vom 4. Takt an kontrapunktierende Terzen in
Klarinetten und Fagotten. Bemerkenswert ist die Verkürzung der zweiten Hälfte. Sofort wird das Thema wiederholt, erst vom Corno obligato (dazu Gegenstimme der 1. Geigen Beisp. II), dann von tiefen Streichern und Bläsern.

Schluß in D dur.

Ein neues Doppelmotiv (III a und b), dessen erster Teil

von Violoncellen und Bratschen, dessen zweiter Teil von einander imitierenden Klarinetten eingeführt wird, beginnt eine kurze Durchführung. Erst in H moll (Posaunen, Tuba, Fagotte), dann in B dur (Horn und Holzbläser) kehrt das Hauptthema (I) wieder und wird in D dur abgeschlossen, worauf ein neuer Rhythmus (IV) eine ziemlich lange Koda

beginnt; erst wird die Gruppe III, dann das Hauptmotiv (I) modulierend durchgeführt, endlich schließt ein neuer Schlußsatz (V) den Hauptteil des Scherzos mit einem Trug-

schluß auf B.

Ein Hornruf (gebildet aus dem 2. u. 3. Takt von I) mit zwei langen Haltepunkten auf ges, dann g, vermittelt den Übergang ins erste Trio (B dur „Etwas ruhiger" Beisp. VI). Eine wiegende ländlerartige Weise von den Geigen angestimmt und festgehalten, wird liedförmig entwickelt und nach einer kleinen Ausweichung nach Des in B zum Abschluß geführt. Aber der erwartete Abschluß erfolgt nicht, sondern Trompeten, Posaunen und Hörner beginnen hintereinander imitatorisch eintretend die erste Reprise, die aber schon nach wenigen Takten ins Schlußmotiv (V) mündet und sehr kurz erledigt wird.

Nun beginnen die Streicher („wild") eine imitatorische Durchführung von IIIa (kurz angedeutet wird auch IV), die

VI.

rasch nach F moll führt.

Die Achtelbewegung dauert fort. dazu ertönt in der Trompete das Thema des zweiten Trios (VII), das bald dar-

VII. Tpt.

auf vom Horn in einer eindrucksvollen Umgestaltung (VIII)

VIII.

aufgegriffen wird. Dann übernimmt es die Trompete, endlich die Holzbläser, eine Steigerung führt zu einem Haltepunkt auf D, und nun beginnt das Corno obligato eine lange rezitativartige, verträumte Phantasie darüber, unterbrochen von weichen Akkorden der tiefen Streicher und Bläser. Gegen Ende gesellt sich wie ein Echo ein zweites Horn dazu.

Eine pizzikierte Akkordbegleitung der Streicher (herübergenommen vom 1. Trio) in D moll ist der Anfang eines merkwürdigen, in sehr zarten, gedämpften Farben gehaltenen Durchführungsteiles, der sich anfangs mit einzelnen Motivteilchen der beiden Trios beschäftigt (VI, VII, VIII), späterhin aber das ruhig dahinfließende Viertelmotiv des 2. Trios (VIII) in neuen Formen ausbaut. Auch die früher erwähnte Phantasie des Corno obligato wird wieder angedeutet. Nach einer kurzen Pause beginnt abermals das Streicherpizzikato und das hüpfende erste Triothema (VI) in den Geigen, rasch aber bemächtigen andere Orchestergruppen sich desselben und steigern es; schon führen Posaunen und Bässe in B dur das Hauptthema (I) ein, aber nochmals unterbrechen die Triomotive, eine nochmalige Steigerung erfolgt und ein plötzliches Abbrechen. Mit einem Ruck (eine harmonische Umdeutung des ges in fis) tritt in den Hörnern das Hauptthema in seiner Anfangsgestalt auf, und die Reprise beginnt. Nachdem der Hauptteil beendet ist, beginnt eine neuerliche ausgedehnte Durchführung; die Motive der beiden Trios und des Hauptteiles werden noch einmal in buntem Wechsel vorgeführt, namentlich das zweite Trio wieder ausgebreitet, auch die romantische Hornphantasie bringt wieder ihre schöne Ruhe in den Wirbel. Eine rasch gesteigerte Koda, kontrapunktisch der komplizierteste Teil des Stückes, (beginnend mit dem Rhythmus von IIIb in der großen Trommel) führt das Scherzo seinem brausenden Ende zu.

IV. Satz.

Adagietto. (Sehr langsam.)

Ein kurzes zartes Stück, nur für Streichorchester und Harfe gesetzt, eröffnet die III. Abteilung der Symphonie; formell ist es etwa als Romanze zu bezeichnen.

Von Harfenklängen und tiefen Streicherakkorden eingeleitet und begleitet singen die Geigen eine lang ausgedehnte Melodie (I). Von ihnen übernehmen sie in Ver-

I. Sehr langsam

größerung die Violoncelle setzen sie anders fort und schließen mit einem kleinen neuen Motiv in A moll (II).

II.

Der Abschluß (III) wird wieder von den ersten Geigen an-

III.

gestimmt und geschieht in F dur.

Eine kurze Modulation mit Hilfe des Motivchens II führt nach Ges dur: ein neues Thema (IV), das später im

IV.

Finale eine wichtige Rolle spielt, taucht auf, verändert aber bald seinen ruhigen Charakter, wird leidenschaftlich gesteigert und gelangt endlich nach einem langsamen Abklingen mit einem überraschenden Trugschluß nach F dur. Eine verkürzte Wiederholung des ersten Teiles endet das kleine Stück in seiner ruhevollen Anfangsstimmung.

Unmittelbar daran schließt sich der

V. Satz.

Rondo-Finale. (Allegro commodo.)

Das Schluß-A der Violinen wird vom Horn kräftig, dann verklingend aufgenommen, ein leises Echo in den Geigen antwortet. Noch einmal beginnt das Horn mit einem Quartenruf; das Fagott setzt das Thema (V) fort. Wie erwachende Vogelstimmen treten Oboe (III), Fagott als Fortsetzung, Horn (IVa), Klarinetten nacheinander mit ihren Motiven ein, die Oboe macht den Schluß und leitet deutlich in das pastorale Hauptthema des Rondos (I). Es

I. Horn

ist durchaus (bis auf unwichtige Verstärkungen durch die Bässe und Violoncelle) für Bläser gesetzt, ruhig melodisch ausgebaut und mit einem energischen Rhythmus abgeschlossen, der Thema IV (Variante) antezipiert.

Unmittelbar daran schließt sich das 2. Hauptthema, das fast durchwegs fugenhaft behandelt ist. Die Violoncelle beginnen (II), im 8. Takt antworten die 2. Violinen

II. Nicht eilen.

auf der Dominante (A dur), dazu ein wichtiger Gegensatz in den Violoncellen (III). Den dritten Einsatz (Tonika)

III.

haben die ersten Geigen, den vierten (abermals Dominante) Bässe und Violoncelle, dazu kombiniert mit III ein
neuer Gegensatz (IV), dessen Motiv a für später wichtig ist.

IV.

(Variante)

Ein 5. Einsatz in D und ein 6. in A (Bläser), abermals mit
einem neuen Kontrapunkt (V) versehen, leiten in den ersten

V. Hrn.

Seitensatz (VI): ein graziös hüpfendes neues Thema, von

VI. Nicht eilen.

den ersten Geigen eingeführt, imitiert von den Bratschen,
begleitet vom Hauptthema (I) in Verkleinerung; nach wenigen Takten tritt es auch in seinen Originalwerten dazu.
Einer kleinen Steigerung macht ein hallendes B der Posaunen, Trompeten, Hörner ein Ende; abermals ein kleines
Aufschäumen der Streicher, abermals ein Halt der Bläser
auf Es. Darauf Abklingen, Motiv III, dessen Schluß (a)
ohnehin eine Verkürzung des Hauptthemas Takt 1 ist, wird
wie zu Anfang auch jetzt zur Einleitung desselben benutzt.

In D dur vollzieht sich nunmehr die reicher kontrapunktierte und instrumentierte erste Wiederholung des Rondothemas.

Es wird diesmal nicht in D dur abgeschlossen, sondern wendet sich mit einem Trugschluß nach B dur. Violoncelle und Bässe beginnen scheinbar eine Durchführung des Themas II, es wird aber nach 2 Takten abgebrochen und ist nur mehr Begleitung zu einem neuen Hornmotiv, das alsbald von Bläsern und Streichern wiederholt wird und erst später selbständige Bedeutung hat (VII). Schon nach wenigen Takten tritt es in H dur („Grazioso") in seiner endgültigen Gestalt hervor als 2. Seitensatz des Rondos und erweist sich jetzt als identisch mit dem Mittelteil des Adagiettos (vgl. IV. Satz Beisp. IV), natürlich in flüssiger, bewegter Form (VIII).

VII. Str. Kl. u. Fg.

Das ganze liedförmige Stückchen gehört ausschließlich dem Streichorchester an, nur gegen Schluß treten ein paar zart verstärkende Bläserakkorde dazu; es schließt in H dur mit absteigenden Geigenakkorden über den Orgelpunkt H (IX), dazu eine Andeutung des Auftaktes von VIII.

VIII.
grazioso V.

IX.

pp

Es folgt eine kurze Modulation nach G dur, und hier ist
der Beginn einer groß angelegten Durchführung. Bei ihrer
ungewöhnlichen kontrapunktischen Kompliziertheit ist es
schwer, Einzelheiten zu beschreiben; es möge daher die An-
gabe der Gruppierung genügen.

Sie bietet insofern Anlagen zur Exposition, als ihre
wichtigen Gruppen Hauptsatz, Bindeglieder und 1. Seitensatz in der alten Reihenfolge zwar nicht wiederholt, sondern in neuen reicheren, aber immer leicht erkennbaren
Formen durchgeführt werden. Das große Mittelstück der
Durchführung ist der zweite Seitensatz (VIII), diesmal in
D dur stehend, nicht eigentlich durchgeführt, sondern nur
variiert, wodurch er einen wohltätigen Ruhepunkt in
dem rastlosen Wirbel von Motiven bildet. Er schließt
wie das erstemal auch hier mit seinen absteigenden
Akkorden und führt nach B dur. Hier werden die Motive
der ersten Gruppen wieder aufgenommen und führen, kräftig gesteigert, zu einem Orgelpunkt auf A, über welchem
eine Kombination der 3 Motive II (Streicher), VII (Hörner)
und IV Variante (Trompeten) erklingt. Daran schließt sich
in Imitationen (Trompeten und Posaune) Thema V. Gegen
Schluß taucht in den Trompeten und den Violoncellen die
Vergrößerung des Hauptthemas Takt 1 auf und in D dur beginnt nunmehr der 3. große Hauptteil des Rondos.

Das Hauptthema erscheint in einer gänzlich neuen, phantasievoll variierten Form, bei der die halbtaktige Triole eine
wichtige Rolle spielt. Es ist bei dem Stile dieses Satzes
selbstverständlich, daß auch allerhand Kontrapunkte dabei
ihr Wesen treiben (am auffälligsten wohl eine Vergrößerung
von IV. Variante in den Trompeten). Der erste Seitensatz
(VI) C dur ist nur in einer obstinaten Baßfigur angedeutet;
auffällig tritt jetzt, immer in C dur, Thema V in den Vordergrund, das bald über einem langen Orgelpunkt auf G

enggeführt und verkürzt wird. Die Vergrößerung des Themas IV (Variante) in den Hörnern vollendet die Steigerung. Auf der Höhe bricht das Crescendo mit einem Trugschluß nach As dur ab und merkwürdige Variationen des Hauptthemas, erst in As, dann in A dur folgen; nach dieser kurzen modulierenden Episode schließt sich in G dur die Wiederholung des 2. Seitensatzes an, ebenfalls variiert und von lustigen Gegenstimmen belebt.

Gegen Schluß wird er verkürzt und gesteigert, wir gelangen wieder nach D dur, und zu den stürmenden Achteln des Themas II erklingt in Trompeten und Posaunen hell glänzend Thema IV (Variante) in Vergrößerung. Die Achtelfiguren werden immer festgehalten und führen in wenigen Takten zum Höhepunkt des Satzes: Wie eine Hymne blasen Hörner, Trompeten, Posaunen die schon aus dem II. Satz bekannte vergrößerte Form des Themas III und führen es fortwährend von rauschenden Streicherfiguren begleitet zu Ende.

Eine Stretta, die noch einmal in allerhand Formen die Hauptthemen des Satzes kunstvoll und zugleich lustig durcheinanderwirbelt — gegen Ende noch einmal aufgehalten durch ein langtönendes B der Blechinstrumente — bildet den Schluß des mit blendender Virtuosität gestalteten Finales.

Gustav Mahler

VI. Symphonie in A moll

———

Gustav Mahlers VI. Symphonie (genannt die „Tragische") gibt gerade das gegenteilige Bild der V. Während diese aus den düsteren Mollstimmungen des Anfangs in ein strahlendes Dur führt, ist der Weg der VI. von Dur nach Moll. In nuce ist dies durch das überall wiederkehrende Motiv ausgedrückt, das der ganzen Symphonie als Motto vorangesetzt werden mag; es ist die unmittelbare Aufeinanderfolge des Dur- und Molldreiklangs, verbunden mit einem Decrescendo.

Genau genommen wirkt der Durdreiklang gar nicht als solcher, sondern die große Terz wird vom Hörer eher als ein Vorhalt zur kleinen gedeutet.

Die Symphonie zerfällt in zwei große Teile; den ersten bilden Allegro, Adagio und Scherzo zusammengenommen, als zweiter stellt sich ein in ungeheuren Dimensionen angelegtes Finale dar, das auch im Ausdruck die von den ersten Sätzen innegehaltenen Grenzen in gewaltigem Ansturm sprengt.

Von den ins Symphonieorchester neu eingeführten Instrumenten sind die auffälligsten wohl die Herdenglocken und der Hammer.

Der Klang der Herdenglocken ist jedem, der die Böden
unserer Hochalpen besucht hat, ein vertrautes Symbol
ihrer weltfernen Abgeschiedenheit geworden: es ist der
letzte Klang, der aus der Menschenwelt zu den verlassenen
Höhen hinauftönt und an das „Unten" mahnt, dem wir eben
glücklich entronnen sind.

Der Hammer gelangt nur im Finale an zwei Stellen zur
Anwendung; seinen Klang beschreibt die Partitur in einer
Fußnote: „Kurzer, mächtig, aber dumpf hallender Schlag
von nicht metallischem Charakter." Beidemale hat der
Hammer die Wirkung eines sehr gesteigerten Pauken- oder
Trommelschlages. Wer nach einer Auslegung sucht, möge
etwa an Schläge des Schicksals oder ähnliches denken.

Besetzung: 4 Flöten, 4 Oboen, 1 Es-Klarinette, 3 Klarinetten und Baßklarinette in B, 3 Fagotte und Kontra-Fagott,
acht Hörner, vier Trompeten, drei Posaunen, Baßtuba,
Pauken, Glockenspiel, Herdenglocken, Xylophon, große und
kleine Trommel, Triangel, Becken, Tamburin, Harfen, Celesta,
Streichorchester.

I. Satz.

A moll $^4/_4$, Allegro energico ma non troppo. Heftig, aber
markig.

Bässe und Violoncelli beginnen mit pochenden Vierteln
auf A; im zweiten Takt unterstützt die kleine Trommel den
marschartigen Rhythmus. Streicher und Holzbläser beginnen ein einleitendes Motiv (I.), das eine Fortsetzung des

I.

Hauptthemas vorwegnimmt. Nach 5 Takten stimmen die
Streicher über liegenden Hörnerakkorden das Hauptthema
an (II), das bereits in seinem 5. Takt von drei Posaunen

*8

unisono imitiert wird. Die Fortsetzung des Themas nach
seinem Absturz wird durch das Einleitungsmotiv bestritten.
Ein Motiv sei noch daraus zitiert, das für später wichtig
ist und hier abermals vom Hauptthema (Trompeten) kontrapunktiert wird (III).

Noch einmal, in veränderter Gestalt, beginnt das Hauptthema vom Anfang (IV), eine zweite Variante tritt in den

Trompeten hinzu (V). Darauf Steigerung des gegebenen

Materials, ein nochmaliges Ansetzen auf d moll und end-
gültige Steigerung bis zum ff (Nonenakkord auf E). Erst

gänzliches Abklingen, dann setzen kleine Trommel und zwei
Pauken ff ein, jene mit einem Wirbel, diese mit einem

VI. Tpt. u. Hbl.

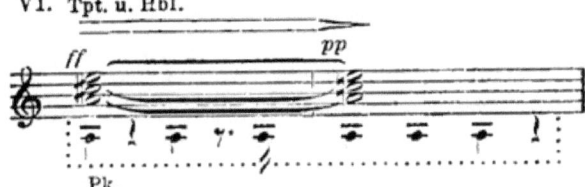

Pk.

rhythmischen Motiv: und nun ertönt in Trompeten und Oboen
das schon erwähnte Leitmotiv der Symphonie. Unmittelbar
daran schließt sich — immerfort in A moll — ein choral-
artiges Thema der Bläser (VII) von pizzikierten thematischen

VII. Hbl.

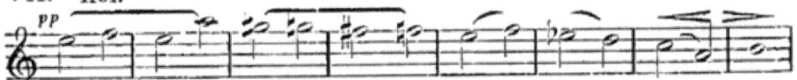

Figuren der Streicher begleitet. Der Choral wird ruhig bis
zu seinem Ende geführt (16 Takte) dann tritt mit einer
plötzlichen trugschlüssigen Wendung nach F ein neues,
schwungvolles Thema ein (Seitensatz, VIII).

VIII. VI. *Schwungvoll.*

Im Gegensatz zu den bisherigen düster-trotzigen Stimmungen hat es den Charakter stürmischer Freude. Rauschende Streicher- und Bläserfiguren (aus der Verkleinerung
des Themas gebildet), und aufwärts drängende Hörner-
stimmen dienen zur Begleitung. Dazu die hellen Töne
von Harfe, Becken und Triangel. Ein kurzer zweiter
marschartiger Teil zeigt Verwandtschaft mit V. Noch einmal, stärker instrumentiert, beginnt das F dur-Thema, wird
gesteigert und endgültig in F geschlossen. Einige Imitationen seines Anfangs (Motiv a) über der liegenden Quinte
F—C führen ein Abklingen und völlige Beruhigung herbei.
Akzente der kleinen Trommel leiten fast unvermittelt
in die Anfangsstimmung und tatsächlich erfolgt nach

Art der klassischen Symphonie eine völlige Wiederholung
der gesamten Exposition.

Der Durchführungsteil beginnt mit einer Einleitung, die
von dem Marschrhythmus der ersten Takte (I) und dem
grell instrumentierten Motiv III beherrscht wird. Alsbald
tritt erst in den Bässen, dann auch in den Mittelstimmen
V dazu, eine Steigerung führt nach E moll.

Hier erklingt nun im Blech, von Streicherakzenten
unterstützt, das Hauptthema in verkürzten Formen. Noch
einmal drängen sich die sprunghaften Einleitungsmotive
vor, endlich wird in A moll (Geigen und Bläser) ein neues
Thema eingeführt, das mit dem Hauptthema Verwandtschaft
hat (IX). Es ist kurz melodisch entwickelt; zu seiner Wie-
IX.

derholung tritt noch grotesker instrumentiert Thema III. Die
Steigerung wird nur angedeutet; in den Bässen meldet sich
bereits der hüpfend rhythmisierte Auftakt des Seitensatzes
(VIII) in seiner Originaltonart. Von Bläsertrillern und den
hellen Klängen des Schlagwerks unterbrochen und um-
schwirrt beherrscht er den nächsten Abschnitt, endlich gesellt sich Thema IX dazu; eine kurze Steigerung wird rasch
abgebrochen und mündet in ein Streichertremolo auf dem
Nebenseptakkord G-A-C-E.

Und nun folgt eine der merkwürdigsten Stimmungen
der Symphonie, die an Ähnliches in der II. und III. denken
läßt. Über dem liegenden D der Bässe erklingt in den geteilten Streichern und der Celesta eine Folge von schwankenden Akkorden (X), dazu Herdenglockengeläute und ein
rhythmisches Motiv in Flöten und Pauken wechselnd.

X.

Nach einigen Takten ertönt in den Hörnern die Dur-Mollverbindung (VI) und dann anschließend in feierlichen Akkorden der Choral (VII). Während die Streichertremoli immer weiter gehen, werden in ungemein zarten und weichen Formen erst in G dur, dann in Es dur Motive des Haupt- und Seitensatzes vorbeigeführt; endlich wird in B dur die mystische Stimmung von früher wieder aufgenommen.

Plötzlich reißt uns ein Ruck aus dieser Traumwelt: die Durchführung nimmt eine festere Gestalt an. Aus Thema I und V wird in H dur ff eine marschartige Melodie gebildet; sie moduliert nach 8 Takten, der Choral tritt in Originalwerten, später auch in verkleinerter Form dazu, jetzt wird rasch verkürzt, rhythmisch verschoben und gesteigert. Nach wenigen Takten ist A dur erreicht und das Hauptthema; welches sich schon nach vier Takten nach A moll wendet und damit auch wieder seinen düster-trotzigen Charakter erlangt.

Im Verlauf der Reprise erhält der Choral durch Pizzikatoklänge der geteilten Streicher und Celesta-Akkorde eine neue, interessante Gestalt. Der Seitensatz (D dur) ist nicht gänzlich wiederholt, sondern nur angedeutet; wie das erstemal verklingt er in Imitationen.

Wieder melden sich in den Bässen die pochenden Viertel des Anfangs, die Posaunen führen pp das Hauptthema ein (II); damit ist das Signal gegeben zu einer nochmaligen, stürmischen Durchführung der Hauptmotive, erst in A moll, dann Es moll. Dann beginnen nach einem plötzlichen Abbrechen in C dur Hörner und Trompetenfanfaren und führen immer von Motivteilen kontrapunktiert in großer Steigerung nach dem Septakkord von A dur.

Abermaliges Abbrechen; dann ein ff einsetzender Triangelwirbel, Paukenschläge und Becken, die Hörner schmettern (in Vergrößerung) das Thema des Seitensatzes (VIII) und bis zum Schluß wird die schwungvolle Melodie als herrschend festgehalten; andeutungsweise treten wohl auch der Choral und das Hauptthema dazu. Ein fortwährendes Crescendo bis zum fff beendigt den Satz in rauschendem A dur.

II. Satz.

(Es dur, $^4/_4$, Andante moderato.)

Besetzung im wesentlichen wie früher. In der Bläser-
gruppe tritt Englisch Horn hinzu.

Der denkbar größte Gegensatz zum Allegro: ein Stück
von tiefster Ruhe. Vorherrschend ist die Naturstimmung
einer ländlichen Zurückgezogenheit mit ihrem ungestörten
Glück, das gegen Ende zu einem leidenschaftlichen Ausbruch der Seligkeit gesteigert ist. Aber auch der Blick
ins Unendliche fehlt nicht, wie nirgends in den Naturstim-
mungen Mahlers („Misterioso").

Die ersten Geigen beginnen (ohne Dämpfer, aber von
den übrigen g e d ä m p f t e n Streichern begleitet) das lang-
gestreckte Thema (I); nach wenigen Takten werden sie

I.

von tiefen Bläsern abgelöst, um dann wieder einzugreifen
und die Entwickelung bis zum Schluß zu führen. Hier und
da treten die gedämpften zweiten Geigen imitierend vor,
— als ob Wachen und Traum ohne Grenzen ineinander ver-
liefen.

Ein halbtaktiges Motiv aus dem zweiten Teil des Themas
sei herausgegriffen (II), weil sein Rhythmus für die Fortsetzung wichtig ist.

II.

Nach dem ruhigen Abschluß des Themas in Es dur
nehmen ihn die 4 Flöten auf, und bilden eine ruhig wiegende

Begleitungsfigur daraus: das Englisch Horn beginnt ein
neues Thema (III), das von Klarinetten und Flöten imita-

III. Engl. Hn.

torisch aufgegriffen aber bald fallen gelassen wird, um der
Wiederholung des Anfangs (diesmal Horn, später Holzbläser),
zu weichen. Das Thema ist sehr verkürzt und erhält einen
neuen Abgesang (IV). Noch einige beruhigende Akkorde

IV.

mit dem wiegenden Motiv (III) führen den Abschluß in
Es dur herbei.

Liegende Flageoletts (g) der Streicher leiten in den
zweiten Teil. Erst tritt die Oboe vor mit der Figur III,
dann die Klarinette mit dem Motiv a des Hauptthemas (I),
endlich das Horn mit dem klagenden Thema IIJ.

Und nun beginnt die Hauptentwicklung; im Baß die
grollenden Achtel von Ia, zum Teil rhythmisch verschoben,
in Geigen und Flöten ein neues Thema (V) in E moll. Es

V. VI.

folgt eine kurze Steigerung, an der auch die charakteristische
Figur des Abgesangs (IV., Takt 4) beteiligt ist, und ein
rasches Abklingen in tiefen Bläsern und Geigen.

Plötzlich tritt forte E dur ein, aufsteigende pizzikati
der Streicher, ein aufsteigendes Hörnermotiv (VI), die Klarinette führt als obstinate Begleitung des Motiv Va fort,
das alsbald in eine Triolenfigur umgewandelt erscheint (Vα)

Dazu Harfe, Celesta, Herdenglocken, Triangel und Becken;
darüber hinweg glänzt in der ersten Trompete Motiv II
und I a.

Diese Gruppe wird auf dem Dominantseptakkord von E
abgebrochen; thematisch gebildete absteigende Läufe der
Streicher führen nach Es dur und zum Wiedereintritt des
Hauptthemas. Es gehört diesmal den Bläsern an; die ersten
Geigen haben dazu eine neue Gegenstimme (VII). An das

Thema, das in seiner kürzesten Form erscheint, schließt sich
sofort sein Abgesang (IV) und mit e i n e m Akkord wird
eine überraschende Modulation nach C dur vollzogen.

Der nun folgende Abschnitt ist Misterioso überschrieben.
Er hat keine feste Gestalt, sondern es vereinigen sich zwang-
los Motive des Hauptthemas zu zarten und feierlichen
Klängen; auch das folgende A dur, das von der Figur II (im
Horn) beherrscht wird, hat noch keine greifbare Gestalt.

Endlich tritt in der Oboe Thema III ein, die Klarinetten
imitieren es, immer noch leise. Schließlich übernehmen es die
Tenorinstrumente des mäßig stark eintretenden Orchesters
und jetzt folgt (in Cis moll beginnend) eine Durchführung

und Modulation. In H dur tritt das Hauptthema (ebenfalls in der Tenorlage) wieder ein, dazu der schon früher eingeführte Gegensatz (VII). Die Steigerung wird immer leidenschaftlicher und erreicht endlich in Es dur ihren Höhepunkt, und nun wird aus dem Abgesang des 1. Teiles (IV. Takt 4) eine neue breite strömende Melodie geformt, die die Erregung zum Abklingen bringt; noch einmal — immer deerescendo — wird das Thema des Abgesangs unter einer chromatisch absteigenden Bewegung wiederholt und trugschlüssig nach As moll geführt. Mit Plagalschluß (über As dur) gelangen wir nach Es dur zurück. In zarten Farben wird das Motiv Va. wieder aufgenommen, erst in seiner Achtelform (Klarinette), dann in Triolen (Bratschen); die Flöte ergreift es in Vergrößerung zum letztenmal, während es gleichzeitig in den Achteln der Violoncelle verklingt. Zum Schluß ein leiser Hörner- und Harfenakkord und pizzikati der tiefen Bässe und Violoncelli.

III. Satz.

Scherzo. (Wuchtig, A moll ³⁄₈).

Besetzung: In der Hauptsache die des ersten Satzes: zum Schlagwerk tritt Tamtam.

Dieser Satz ist ein merkwürdiges Stimmungsbild, zu welchem man vergeblich nach einer Analogie unter Mahlers Scherzosätzen sucht.

Die derb-lustigen Motive der ersten und die wie vom Wind herübergewehten Klänge aus der „guten alten Zeit" der zweiten Gruppe ein beständiges Schwanken zwischen galant-possierlichen Menuett- und Gavotterhythmen — stehen in einem grotesken Widerspruch zu einander. Was ihnen Gemeinsamkeit gibt ist ein gewisses koboldhaft phantastisches Element, das an irgend eine Spuknacht des E. T. A. Hoffmann denken läßt, mit ihrem lärmenden Treiben im Kreise der Zecher und ihren Gespensterchen, die artig nach der Mode des Tages gekleidet sind und zum Schluß toll durcheinander gewirbelt werden.

Die Form ist nicht die gewohnte kreisförmige (Scherzo
—Trio—Reprise—Koda), sondern sie besteht aus 2 Themengruppen, die variiert wiederkehren und durch eine Koda geschlossen werden.

Die Pauke beginnt mit dem Auftakt; Bässe und Violoncelle setzen fort (I). Aus diesem Motiv, auffällig durch

die verschobene Betonung ist auch die zweite Gruppe gebildet.

Schon im zweiten Takt setzen die Geigen und Bratschen
mit ihrem scharf rhythmischen Hauptthema (II) ein. Derb

gesetztes Bläserorchester setzt mit schmetternden Sechzehnteln (Posaunen) und einer aufstürmenden Figur (Flöte, Oboe,
Klarinette) fort, die aus dem zweiten Teil des Themas (III)
vorweg genommen ist.

Dieses wird von Geigen und Holzbläsern übernommen
und mit einigen Akkordfolgen in Hörnern, Trompeten, Fagotten und Posaunen (IV) zu einem Abschluß in A moll gebracht.

Die Durchführung ist ungemein knapp gehalten. Sie knüpft zunächst an die Anfangsmotive und die Halbtonschritte der Akkordgruppe IV an und bringt dann gewissermaßen als Mittelteil eine erste Andeutung der zweiten Gruppe; die Modulation gelangt dabei nach Es dur. Auf dem Höhepunkt tritt mit einem Ruck A moll wieder ein und die variierte Wiederholung des ersten Teiles. Den Schluß bildet das in den Trompeten erklingende Dur-Moll-Thema, das Siegel der Symphonie; dazu der abwärtsstürmende Rhythmus des Hauptthemas in Streichern und Bläsern. Als Überleitung zur zweiten Gruppe dient das Motiv I, durch Pizzikato von den einander ablösenden Streichern unterstützt, von Hörnern begonnen, von Klarinetten und Flöten decrescendo übernommen und endgültig von der Oboe ergriffen wird, die es zum 2. Thema ausbaut (V).

V. Altväterisch. *Grazioso.*
Hoboe.

Dieses steht in F dur und hat den Charakter eines alten Tanzes. Ein beständiges Abwechseln der Taktart, $^3/_8$—$^4/_8$ ist ihm eigentümlich. Es fließt ohne eigentliche Steigerung dahin, wird nur einigemale von heftigen Akzenten unterbrochen, fällt aber immer wieder in seine schattenhafte Anmut zurück. Gegen Schluß erfolgt wohl ein Anschwellen zum f, aber sofortiges Abklingen; die Geisterchen tanzen eines hinter dem andern zum Fenster hinaus.

Entsprechend dem Anfang beginnt die Pauke mit ihren hämmernden Achteln; lärmende chromatische Gänge der Hörner treten dazu, scheinbar beginnt das Violoncello das Hauptthema. Plötzlich erfolgt eine Rückung nach F moll, ein neues Thema erscheint auf der Bildfläche, allerdings

entstanden aus I und III (VI). Durch seine Instrumentierung (Oboe mit Begleitung von gestopften Trompeten, Streichern col legno, Xylophon usw.) erhält es einen exotischen
Charakter.

Es ist kurz, liedförmig entwickelt und nach 16 Takten
schließt sich daran unmittelbar das Hauptthema, womit die
eigentliche Reprise erreicht ist.

Der erste Teil kehrt stark verändert (hauptsächlich verkürzt) wieder, nur auf das Dur-Moll-Motiv ist diesmal mehr
Gewicht gelegt. Ähnlich wie das erstemal fügt sich (nur noch
zarter im Klang) die „altväterische" Gruppe daran, diesmal
in D dur. In variierten Formen kehren auch die folgenden
Gruppen, die chromatischen Hörnergänge und der exotische
Tanz wieder.

Auch das Hauptthema kommt zum letztenmal wieder; die
Akkordgruppe IV schließt auf dem Quintsextakkord
d-f-as-b (ff des ganzen Orchesters).

Das Motiv des zweiten Teils (V) grell von den Oboen
geblasen, hebt sich daraus ab. Ein rasches Decrescendo
(chromatische Streicher und Flötenläufe, chromatisch absteigende Hörner) führt nach A zurück. Und nun beginnt
ein langer Orgelpunkt auf A, über welchem die Motive aller
drei Gruppen ein phantastisches Durcheinander bilden. Den
harmonischen Hintergrund dafür gibt das immer absteigend
wiederkehrende Dur-Moll-Motiv.

Mit einem leisen A moll-Dreiklang in gedämpften Posaunen und Fagotten und dem Hauptthema (Takt 3) im Kontrafagott geht das Stück zu Ende; die Pauke übernimmt
als letztes Instrument noch einmal das Motiv A-C-A.

IV. Satz.

(A moll, $^4/_4$, Haupttempo Allegro energico).

Zu den längsten und für das erste Hören sehr schwer verständlichen Sätzen der Mahlerschen Symphonien gehört dieses Finale, dessen Dauer in der Partitur mit 30 Minuten angegeben ist. Die Schwierigkeit wird vergrößert durch seine ungewöhnlichen Proportionen. Formell ist es zwar ein Sonatensatz, aber der Exposition geht eine lange Einleitung voraus, welche die Hauptmotive gleichsam vor unseren Augen entstehen läßt; die Hauptthemen selbst sind ungemein knapp und prägnant vorgeführt. Dann folgt eine ungeheure Durchführung, die in zwei deutlich geschiedene Teile zerfällt, eine sehr kurze Reprise und Koda. Die Besetzung ist wie im 2. Satz, nur vergrößert um 2 Trompeten und eine Baßposaune. Das Schlagwerk ist sehr groß: Pauken, Glockenspiel, Herdenglocken, tiefes Glockengeläute, große und kleine Trommel, Triangel, Becken, Holzklapper, Tamtam, Rute, Hammer, Celesta.

Die Einleitung beginnt in C moll (Sostenuto).

Von Streichern und Bläsern wird das tiefe C als Grundton angeschlagen, darüber ertönt in Akkorden der Bläser und aufsteigenden Arpeggien der Celesta und Harfen der alterierte Terzquartakkord C-Es-Fis-As. Die Bläserakkorde verklingen, an ihre Stelle treten schwirrende Geigentremolos. Die ersten Violinen bringen im 3. Takt das Hauptthema der Einleitung (I). In seinem 7. Takte wendet es

I.

sich plötzlich nach A moll; scharf dissonierend blasen Hörner,
Trompeten, Posaunen das Mollmotiv, das Siegel der Symphonie. Darauf rasches Abklingen.

In A moll führt die Baßtuba das Hauptmotiv in einer
vorläufigen, noch verschleierten Gestalt ein (II); Klarinetten

und Hörner antworten mit einem zweiten aufwärts stürmenden Teilmotiv (III). Diese Gruppe wird nach wenigen Tak-

ten abgebrochen, die aus dem ersten Satz bekannten Akkorde
tauchen wie eine Erinnerung wieder auf (I. Satz Beisp. X).
Dazu tiefes Glockengeläute. Die Baßtuba deutet ein neues
Motiv an, das gleich darauf von den Hörnern als deutliche
Vorwegnahme des Seitensatzes in breiterer Form gebracht
wird (IV). Ein Motiv des Hauptthemas (V) erscheint für

einen Augenblick in Baßklarinette und Fagotten. In Celesta,
Baßtuba und Oboe tauchen Verkürzungen von Motiven des

Hauptthemas auf, auch ein neues Hornmotiv, das der Schlußgruppe angehört (VI). Ein kleines Crescendo wird bald be-

endigt; die tiefen Holzbläser, unterstützt von Hörnern und
Baßtuba stimmen in C moll einen ernsten Choral an (VII).

Er mündet in das ff einsetzende Dur-Mollmotiv (G dur-G moll).
Abermals beginnen die Streichertremolos; Baßklarinette,
Fagotte und Hörner bringen Motiv V schon in längerer deut-
licherer Gestalt; auch Motiv a des Beisp. IV wird angedeutet.
Wieder beginnt der Choral (VIII): sein Baß erhält später-

hin thematische Bedeutung (IX). Die Streicher treten mit

Motiven von IV dazu, es folgt eine Steigerung, die mit
dem Eintritt des C-dur-C moll-Motives ihr Ende erreicht.
Allegro moderato beginnen Violoncelle und Fagotte den
Rhythmus des Hauptthemas X a 3. Takt: eine Steigerung, an

der sich zunächst die Streicher dann aber auch mit dem
Auftakt (X Auftakt) die Bläser beteiligen, führt nach A moll
und jetzt beginnt die eigentliche Exposition.

Das Hauptthema in A moll, dessen Motive uns schon zum
Teil bekannt sind (X) ist nun breit entwickelt. Ihm schließt

sich ein mit Pesante bezeichneter Abschnitt an, der mit
A dur-A moll-Achteln in den Posaunen eingeleitet ist.

In den Hörnern ertönt ein neues Thema, das in das
Stimmungsgebiet des Chorals gehört (XI). Es ist sehr lange
ausgesponnen, fast ohne Verlassen der Tonart, und immer
spielt dabei der Rhythmus Xa eine wichtige Rolle. Endlich
wird durch den Eintritt des Sechzehntelmotivs (X Auftakt)
der Rhythmus beschleunigt, unter Hinzutreten von Xb in Posaunen und Trompeten wird eine Steigerung entwickelt:
im Abklingen erfolgt eine Modulation nach D dur. „Fließend"
tritt die zweite Hauptgruppe ein: Klarinetten- und Flötentriolen, dazu das schon in der Einleitung angedeutete Hornthema (IV). Bratschen und Fagotte fügen ein ruhiges

Achtelmotiv dazu (XII), das von dem zweiten Teil des Sei-

tensatzes hergenommen ist, einer breiten leidenschaftlichen Geigenmelodie, die eine gewisse Verwandtschaft mit dem Seitenthema des ersten Satzes zeigt (XIII). Sie steht in

G dur und wird von rauschenden Harfenpassagen und kraftvollen Blechklängen gestützt.

Immer höher gehen die Wogen des Orchesters, eine kurze Stretta („Belebend") bringt als Schlußthema eine Vergrößerung von VI in den Hörnern, dazu rhythmisch bewegte Motive der beiden Hauptthemengruppen. Mit der Vergrößerung von X b in den Posaunen und dem auf Sechzehntel verkleinerten Motiv X a schließt die Exposition.

Die Durchführung knüpft zunächst an die Einleitung an. Wieder das Streichergewoge, dazu (D moll) in Umkehrung und Engführung das Einleitungsthema (I), dann die Gruppe der flimmernden Akkorde mit dem Glockengeläute und Teilmotive des Seitensatzes. Auch das Hauptthema X a mit seinen aufschreiartigen Sechzehnteln (III) erscheint ähnlich wie das erstemal. Endlich erfolgt eine festere Zusammenfassung und kurze Steigerung, eine plötzliche Rückung führt nach dem Nonenakkord von D dur.

9*

Hell und rauschend erklingt die Gesangsgruppe des
Seitensatzes (VIII) und wird in polyphonen Fügungen geführt, immer wieder aufgenommen und zu einer breit strö-
menden Melodie entwickelt. Auf dem Höhepunkt wird sie
durch einen gewaltigen Orchesterschlag (der Hammer zum
erstenmal) abgebrochen. Die Trompeten blasen ff den Choral
(VIII), die Posaunen VI gewaltig vergrößert, in den
Hörnern schallt das Dur-Moll-Motiv, die Streicher stürmen
im Rhythmus

dahin, der sich späterhin zu Sechzehntelläufen verdichtet.
Das Choralthema wird in Engführungen vom ganzen Orchester aufgenommen (Thema IV Takt 3 wird von der Trompete
hineingeworfen). Eine große Steigerung führt nach A dur.
„Etwas beruhigend" in vergrößerter und variierter Form
nehmen die ersten Geigen den Seitensatz in seinem ersten Teil
(XIVa) wieder auf, als Gegenstimme dazu bringen die zweiten

die Umkehrung (XIV b): die Stimmung klingt bald ab. Ein

XIVb.

rasches Crescendo führt nach F moll; die Form XIV b ist
jetzt führend geworden, dazu erklingt in den Baßinstrumenten X b. Auch diese Gruppe wird rasch abgebrochen. Die
in harten Rhythmen schmetternden Hörner bereiten den
Eintritt von X a in seiner verkleinerten Form vor (F moll.
„Etwas wuchtiger. Alles mit roher Kraft"), das von einander
ablösenden Trompeten geschmettert wird. Die Dreiklänge
C dur-C moll und die aufwärtsstürmenden Sechzehntel von
III, machen dieser wilden Orchesterepisode ein Ende.

Der zweite große Teil der Durchführung knüpft zunächst
(A moll. „Kräftig aber etwas gemessen") an die Motive und
Rhythmen des letzten Teiles an, gelangt aber bald zu einer
neuen marschartigen Umformung derselben („Feurig". C dur
XV). In den Hörnern dann Posaunen tritt ein neues Motiv

dazu (XVI) durch Umkehrung und Verkürzung aus XIV b
entstanden. Die Marschrhythmen werden immer festgehalten,
die Hörner führen ff die vergrößerte Form von VI (hat
auch mit IX Verwandtschaft) ein, die von Holzbläsern und Violinen, endlich Posaunen übernommen
wird; es erfolgt eine Zusammenziehung und Steigerung der
ganzen Gruppe und Modulation nach A dur. Eine neue, sehr
polyphone Gruppe aus XI a und der vergrößerten und um-
gekehrten Form von XVI gebildet (gegen Ende beteiligt
sich auch IV a und IX), beginnt ein Decrescendo, aber nur
um die darauf folgende Steigerung noch gewaltiger erscheinen zu lassen. Einem starken Anschwellen bereitet ein hef-
tiger Orchesterschlag (der Hammer zum zweitenmal)
ein Ende.

Zu den stürmischen Geigenläufen ertönt in den Trompeten der Choral (VIII), in den Posaunen VI (Vergrößerung);
Verkürzungen und Engführungen dieser Motive bringen die
letzte Steigerung der Durchführung herbei; in immer mehr
beschleunigtem Zeitmaß wird A moll erreicht.

Auf dem Orgelpunkt D baut sich der alterierte Terz-
quart-Akkord auf, die Geigen setzen auf C mit dem Einleitungsmotiv ein (I), das Dur-Moll-Motiv ertönt im Blech.
In C moll beginnt die Reprise. In variierten Formen wiederholen sich die chaotischen Stimmungen der Einleitung.

Erst der Beginn des Seitensatzes (IV), der in etwas veränderter Gestalt (Oboe, B dur) eintritt, bringt wieder festere Gestaltung. Sein Beginn ist zart (Grazioso), aber unter fortwährendem Hinzutreten neuer Orchestergruppen erfolgt eine Steigerung in Tempo und Dynamik; endlich ertönt das Thema, glänzend im Blech, von Paukenschlägen und den hellen Klängen des Beckens und Triangels begleitet.

Noch aber werden seine Motive nicht verlassen, sondern es knüpft sich eine neuerliche Durchführung an diesen Abschnitt, an der sich auch die anderen Themengruppen (Choral, Hauptthema, Schlußsatz) mit ihren Motiven beteiligen. Endlich ertönt in den Trompeten ff X b, die Posaunen folgen nach, in A moll beginnt die Reprise des wenig veränderten Hauptthemas (X). Knapp daran (dazwischen das Siegel, A dur-A moll) schließt sich (A dur, Trompete) der Seitensatz, dann folgen der Exposition analog das nochmalige Ertönen des leitenden Akkordmotivs und variierte Formen von XI, immer in komplizierten Kombinationen.

Eine wilde Streicherpassage, die sich aus diesem Dickicht losringt, wird übertönt von X a in originalen und verkürzten Werten (Trompeten und Hörner abwechselnd). Das Auftreten des Einleitungsmotives und des Schlußsatzes (VI) bringt für kurze Zeit Ruhe und den Beginn einer breiteren Motiventwicklung; ein wilder Orchesterausbruch aber setzt ihr ein Ziel, und erst der Eintritt von A dur bringt eine Durchführung breiterer Rhythmen. Das Einleitungsmotiv (I a) tritt dabei hauptsächlich in den Vordergrund, später auch Teilmotive des Seitensatzes. Endlich ist Schluß auf A dur. X b tritt mächtig in den Baßinstrumenten ein und wird unter dem wogenden Dreiklang auf immer höhere Intervalle geführt und verkürzt.

In höchster Kraft ertönt das tiefe A (Beginn der Koda), darüber der alterierte Terzquartakkord der Einleitung, das Geigenflimmern und das Einleitungsmotiv, so wie das erstemal von den Dreiklängen A dur-A moll durchkreuzt. „Bedeutend langsamer" folgen in A moll (Orgelpunkt A der

Pauke) Posaunenimitationen über das rhythmisch variierte Einleitungsthema (I a), mit deutlicher Wendung zur Unterdominante. Die tiefen Holzbläser treten dazu mit den Dreiklängen D dur-D moll: endlich kommt alles zur Ruhe. „Noch einmal so langsam" erscheint in Bässen und Fagotten, abgelöst von Violoncello und Baßklarinette das Hauptthema in seiner ersten Gestalt (II) und verklingt pp. FF ertönt noch einmal der A moll-Dreiklang im ganzen Orchester mit dem rhythmischen Paukenmotiv der leitenden Akkorde wie ein letzter Aufschrei, nimmt aber rasch ab. Ein pizzikiertes A der Streicher und ein leiser Trommelschlag unter dem verklingenden Dreiklang der Trompeten bilden den Schlußakkord der Symphonie.

Gustav Mahler

VII. Symphonie in E moll

Gustav Mahlers VII. Symphonie in E moll schließt sich als dritte ihren beiden „weltlichen" Vorgängerinnen an. In der „Achten", die an den Stil der ersten vier wieder anknüpft, herrscht ausschließlich das transzendentale Moment vor. Zum Unterschied von den beiden anderen, die heroischen Charakter tragen, möchte man die VII. etwa Mahlers „Romantische" Symphonie nennen. Anderseits steht sie mit der V. und VI. Symphonie in enger Verknüpfung; dafür sprechen Stimmungen und Motive des ersten Satzes, noch mehr der II. Satz, der an auffälliger Stelle geradezu das „Siegel" der VI., das Dur-Moll-Motiv zitiert. Das Finale wieder erinnert, wenn auch nicht in Details, so doch in seiner Grundstimmung und in seiner Bedeutung an jenes der V. „Was kost' die Welt?" Mit diesem Wort soll der Komponist selbst die grandiose Lustigkeit dieses Satzes gekennzeichnet haben. Wie die V. Symphonie zerfällt auch die VII. in drei Abteilungen.

Der erste Satz steht für sich allein; der zweite Teil besteht aus drei kleineren Sätzen, einem phantastischen Scherzo, das zwischen zwei Nachtmusiken eingebettet ist; ein glänzendes Rondo-Finale bildet den Schluß. Die ersten beiden Teile gehören dem Stimmungsgebiet der Nacht an. Der Charakter des ersten Satzes ist etwa als pathetisch-leidenschaftlich zu bezeichnen; schauerlich, wirr, spukhaft sind die Gebilde der beiden folgenden; der dritte läßt an eine helle Mondnacht denken.

Erst das Finale bringt Sonnenlicht und rauschende Lebensfreude.

Die Besetzung des Werkes lautet: Streichorchester, 4 Flöten, Pikkolo, 3 Oboen, Englisch Horn, 4 Klarinetten (auch Es-Klar.), Baßklarinette, 3 Fagotte, Kontrafagott, 4 Hörner, Tenorhorn, 3 Trompeten, 3 Posaunen und Baß-Tuba, 2 Harfen, Gitarre und Mandoline (im 4. Satz).

Schlagwerk: Pauken, große und kleine Trommel, Triangel, Becken, Glockenspiel, Tamburin, Tamtam, Herdenglocken (im 2. Satz), Rute und Glocken (im Finale).

I. Satz.

(E moll; Haupttempo: Allegro con fuoco ¢).

Eine lange Einleitung (Langsam) geht dem eigentlichen Beginn des Satzes voraus. Trauermarschartige Rhythmen der Streicher 𝅘𝅥 𝅘𝅥𝅮𝅘𝅥𝅮 𝅘𝅥 𝅘𝅥𝅮𝅘𝅥𝅮 auf den Akkord h-d-fis-gis bilden die Vorbereitung zu dem pathetischen Einleitungsthema, das vom Tenorhorn angestimmt, zunächst von Holzbläsern und Trompeten übernommen, schließlich wieder vom Tenorhorn aufgegriffen und mächtig ausgebaut wird (I).

I. Langsam *(Adagio)*.

Nach seinem Verklingen folgt „Etwas weniger langsam, aber immer sehr gemessen" ein neues Thema, eine Vorwegnahme der späteren Schlußgruppe in breiten Rhythmen von den Holzbläsern gebracht (II). Eine kurze Steigerung und

II. Etwas weniger langsam, aber immer sehr gemessen.

Modulation führt zur 3. Gruppe (Es moll, $^4/_4$, nicht schleppen). Zu den rhythmischen Schlägen der Streicher, Pauke, Hörner, Trompeten (siehe oben) erklingt in den Posaunen eine Andeutung des späteren Hauptthemas (III); dieses wird nun-

III. Pos.

mehr festgehalten, eine kurze imitatorische Durchführung leitet nach h als 5. Stufe von E moll; zu den leeren Quinten der Streicher und Holzbläser (immer im Rhythmus der anfänglichen Streicherklänge) erklingen in den Trompeten die aus dem Haupt- und dem Einleitungsthema gewonnenen Rhythmen in merkwürdigen Quartenfolgen, die nunmehr für den ganzen ersten Satz charakteristisch bleiben. Nach wenigen Takten „Drängend") beginnt das Haupttempo (Allegro con fuoco ¢). Die Streicher halten (unterstützt von Bläsern und Triangel) noch immer hartnäckig ihren Anfangsrhythmus fest, Hörner und Violoncelle spielen das außerordentlich markante, zu seiner Begleitung scharf dissonierende Hauptthema (IV). Eine Fortsetzung (V)

IV. *Allegro con fuoco.*

V. VI.

bringt den Rhythmus der Halbtakttriole dazu. Rhythmisch
verschoben wird das Hauptthema erst von den Hörnern, dann
von den Baßinstrumenten aufgegriffen; letztere knüpfen in
Verkürzung das Hauptmotiv der Einleitung daran (I a), wel-
ches den nun folgenden Mittelteil der 1. Gruppe beherrscht.
Die schon erwähnten Quartensprünge schließen sich in den
Streichern zu einem neuen melodischen Gebilde zusammen
(VI), seltsame chromatische Gänge in den Hörnern kon-

VI. VI.

trastieren dazu. Noch einmal, in einer dritten Form, wird
das Hauptthema im Baß begonnen, deutlich tritt dabei die
Beziehung zum Einleitungsmotiv hervor (VII); in den Hör-

VII. Str, Hnr. u. Hbl.

nern und Trompeten melden sich noch einmal die Quartensprünge von VI, bald aber werden die spitzigen Rhythmen
länger und weicher, eine schwungvolle Wendung der Geigen
leitet trugschlüssig nach C dur.

Der Seitensatz verdient durchaus die Bezeichnung Gesangsgruppe. Eine langgedehnte Geigenmelodie (VIII), zart

VIII. Mit großem Schwung.

beginnend, rubato vorgetragen und bald überschwänglich
gesteigert. Chromatische Hörnerklänge und wogende Be-
gleitungsfiguren der anderen Streicher dienen als Hintergrund. Sie schließt auf dem Quartsexakkord von G dur,
eine Verkürzung des Hauptthemas in tiefen Streichern
und Hörnern abwärtsstürmend gibt das Signal zur Schlußgruppe („Flott"); Trompeten und Hörner, abgelöst von Holzbläsern, unterstützt von pizzikierten Geigen und Glockenspiel führen in Imitationen das bereits aus der Einleitung
(II) bekannte Schlußthema ein (IX), das kurz erledigt wird.

IX. Flott.

In seine absteigenden Gänge tönt bereits (Hörner und
Trompeten) wieder in E moll eine vergrößerte Form des
Hauptthemas, das nunmehr in gerader und (variiert) in
Gegenbewegung in dreifacher Engführung erscheint; bald
erfolgt eine Vereinfachung. Während das Thema festgehalten wird, treten erst absteigende Bläser-Triller, dann der
erste Begleitungsrhythmus in den Geigen dazu; springende
Halbtakt-Triolen alsbald von Flöten und Klarinetten übernommen, führen zur nächsten Gruppe, die aus dem springen-

den Quartenmotiv (VI) entwickelt ist. Nunmehr zeigt sich dessen Ähnlichkeit mit dem Einleitungsmotiv (I), das sich melodisch (in den Violinen) daranschließt. Als Gegensatz erklingt (in der Trompete) seine Umkehrung; vor allem aber werden immer die Motive des Hauptthemas festgehalten. Die Gruppe verklingt bald. Ein weicher, verträumter Streichersatz schließt sich daran, deutlich in Zusammenhang mit dem Seitensatz (VIII a) stehend (H moll, X). Aber auch diese Episode ist nur kurz; das alte Tempo und die alten Motive werden wieder aufgenommen, und auch die chromatischen Gänge der H moll-Episode erscheinen jetzt in drängenden, leidenschaftlichen Formen. Eine Steigerung komplizierter Motivkombinationen führt zu einem Schluß auf dem übermäßigen Dreiklang B-D-Fis; pp tremolieren die Geigen auf dem hohen B. Trompetenfanfaren verkünden einen neuen Abschnitt. „Meno mosso, feierlich" erklingt in tiefen Streichern und Holzbläsern die Vergrößerung der Schlußgruppe (IX). „Subito Allegro I. ziemlich ruhig" folgt darauf eine Kombination des Hauptthemas und der neuen Form des Seitensatzes (X) in

X. *Moderato.*
Br. m. Dpf.   Solo-Vl.

G moll und jetzt tritt zum ersten Mal Ruhe ein und ein längeres melodisches Ausbreiten. Die Solo-Violine ist wieder führend (wie oben in der H moll-Episode), wird zart von Streichern und solistisch geführten Bläserstimmen begleitet. Mit merkwürdigen abwärtssteigenden Gängen tritt die Schlußgruppe (IX) dazwischen. Die von früher bekannten aufwärtsspringenden Bläsertriolen führen abermals zum hohen B. Wieder tremolieren die Geigen. Trompetenfanfaren ertönen, unterbrochen von den feierlichen Akkorden des Schlußsatzes, auch die Quartensprünge von VI klingen in Umkehrung signalartig hinein, eine feierliche choralartige Kadenz der Posaunen und Hörner führt endlich nach H dur.

„Sehr breit" erscheint die variierte Melodie des Seitensatzes
(VIII) in den Streichern, immer von den anderen Motivgruppen (Hauptthema, Schlußsatz, Quartensprünge) begleitet
und abgelöst, aber immer behalten die Geigen das Wort und
führen in mächtiger Steigerung nach H dur, wo das Adagio des
Anfangs eintritt und die Reprise, der dritte große Teil des
Satzes beginnt. Das Einleitungsmotiv wird aber nur (in den
Bässen) angedeutet. Das Tenorhorn führt das Hauptthema
ein, bald folgen Motive des Seitensatzes und der Schlußgruppe: eine förmliche neue Durchführung wird gebaut.
Eine heftige Steigerung führt nach E moll und jetzt erst
wird die Reprise deutlich. In sehr ausgebreiteten und komplizierten Formen ziehen die scharfen rhythmischen Motive
der Hauptgruppe vorüber. Auch der Seitensatz wird in
drängenderer, leidenschaftlicherer Art wiedergebracht. Die
stürmisch vom polyphonen Blech gespielte Schlußgruppe
führt zu einem $^3/_2$ Takt. Umspielt von schwirrenden Rhythmen der hohen Bläser und des Glockenspiels, unterstützt von
gerissenen Streichern erscheint das Hauptthema mächtig in
Posaunen und Trompeten. Die Streicher setzen fort; dann
übernehmen es die Baßinstrumente und abermals die Violinen (dazu eine Engführung in den Hörnern); zum Schluß
ertönt es in den unisono gesetzten Posaunen. In großer
Steigerung wird das Allegro ¢ wieder erreicht und wenige
stürmische Takte, in denen hauptsächlich die Quartensprünge
in den Vordergrund treten, eilen dem Schluß des Satzes zu,
der mit einem heftigen Orchesterschlag in E dur erfolgt.

II. Satz.

Nachtmusik.

(C dur, $^4/_4$. Allegro moderato.)

Kein anderer Symphoniesatz Mahlers knüpft so deutlich
wie dieser an seine Soldatenlieder aus dem Wunderhorn an.
Die Geister einer längst entschwundenen Zeit scheinen
wieder aufzustehen und ziehen in einer schauerlichen nächt-
lichen Prozession vorüber. Gedämpfte Marschrhythmen,
verschollene Liebesweisen, Hörnersignale tönen daraus her-

vor: geheimnisvolle Naturlaute der Nacht werden wach und
geben einen gespenstigen Hintergrund für die seltsamen Vorgänge. Ein fortwährendes Schwanken zwischen Dur und
Moll — für Mahler so charakteristisch — verstärkt den
schwankenden Charakter des Stückes. Der Form nach kann
es als Rondo bezeichnet werden.

Ein Hornruf beginnt (I), ein zweiter antwortet aus der

Ferne. Das Spiel wiederholt sich. Englisch Horn, später
Fagott, nehmen den Hornruf auf; dazu erhebt sich in den
Holzbläsern ein thematisch kaum geformtes Trillern und Rauschen, das immer stärker anschwillt, um endlich in dem aus
der VI. Symphonie bekannten Dur-Moll-Motiv zu gipfeln.
Bläser und Streicher rollen in chromatischen Skalen abwärts; der Marsch der Geister beginnt.

„Andante molto moderato“, „sehr gemessen“, erscheint
in den Hörnern imitiert von Violoncellen das erste Marschthema, aus dem Hornruf entstanden (II). Die Geigen setzen

fort, endlich verklingt die Melodie in Bratschen und
Violoncellen. Ein Gegenthema (III) taucht pp in Bässen und

Kontra-Fagott auf, bei seiner etwas deutlicheren Wiederholung tritt in den Hörnern und gerissenen Streichern ein
rhythmisches Motiv auf, das auch im ersten Teil zeitweise
bemerkbar war (IV). Als dritter Teil wird das Anfangsthema
(II) von den Streichern in großen Bögen wieder aufgenom-

IV. Hnr. u. Str. pizz.

men, in den Bläsern ertönen dazu die Naturlaute vom Anfang. Ein kurzes Abklingen; unmittelbar daran schließt sich
das erste „Trio" in As dur, eine breite liedförmig angelegte
Melodie volkstümlichen Charakters in den Violoncellen (V).

V. *Sempre l'istesso, Tempo.* **Nicht eilen, sehr gemächlich.**

Nach einer mächtigen Steigerung verklingt sie. Wieder
treten die Hornrufe des Anfangs ein, aus der Ferne klingt
Glockengeläute herüber. Bruchstücke der ersten Marschrhythmen tauchen auf. Endlich erfolgt ein Zusammenfassen:
das erste Marschthema (II) mit seinen begleitenden Triolen
wird in phantasievoll veränderter Instrumentierung wiederholt.

Nach wenigen Takten Überleitung tritt ein zweites Trio
auf; eine sehnsüchtige klagende Weise in F moll. Oboen-
und Flötenterzen stimmen sie an (VI). Alsbald treten die

VI. Hb.

sehr ausdrucksvoll und hervortretend.

Naturstimmen dazu und wie zu Anfang erfolgt ein Rauschen
und Brausen, eine Steigerung bis zu dem Dur-Moll-Motiv

und rasches Abklingen. Wieder tritt das zweite Triothema ein, begleitet von Hornrhythmen (IV) und trompetenartigen Klarinettentriolen und wird mit schmerzlich-grellen Akzenten zu Ende geführt. Wieder schließt sich daran ein seltsames Phantasieren über die Anfangsthemen. Dann erfolgt in kräftigeren Formen und satteren Farben die Wiederholung des ersten Marschthemas (III) und des ersten Trios (V). „Sehr gemessen" beginnt die Koda, die in abenteuerlich verzerrten Formen das Hauptthema variiert. Auch III erscheint noch einmal andeutungsweise, dann wird es still. In weiter Ferne scheint der Zug zu verschwinden. Wieder erwachen die Vogelstimmen, rauschen auf und verklingen. Unter Pauken- und Beckenschlägen schließt das erste Nachtstück: ein einzelner Flageoletton des Violoncello und ein verlorener Harfenklang tönen wie ein Echo nach.

III. Satz.

(Schattenhaft. D moll, ¾.)

Auch dieses Scherzo stellt gleich seinem Vorgänger eine phantastische Nachtszene dar; gleich ihm erhebt es sich kaum einmal zu stärkeren und helleren Akzenten. Dasselbe geheimnisvoll unterdrückte Leben und Treiben, aber diesmal mit einem deutlichen Stich ins Groteske. Man hat vergleichsweise vom Tanz des alten Huhn mit Pippa gesprochen, und ersteren mit den schrittartig betonten Anfangstakten, letztere mit dem Triolenmotive identifizieren wollen. Der Vergleich trifft die Stimmung schlecht; weder des alten Riesen „korybantenhaftes" Wesen noch Pippas elfenhafte Grazie kommt darin zum Ausdruck. Es ist ein immerwährendes ruheloses Dahinhuschen, ein Hasten und Jagen, das nur von einem energischen Tanzrhythmus und einer zarten träumerischen Melodie („Trio") unterbrochen wird.

X.   10

Ein paar Einleitungstakte nehmen das Begleitungsmotiv des Hauptthemas vorweg (I). Ein seltsames Duett zwischen

I. Pk., K. B. u. Vc. *pizz.*

Paukenschlägen und gerissenen Bässen und Violoncellen im jambischen Rhythmus entspinnt sich; im 5. Takt treten tiefe Hörner dazu. Eine kleine Steigerung führt zum Hauptthema (II), dessen Triolenbewegung in den gedämpften

II. Vl. m. Dpf.

Streichern festgehalten wird. Bei der Wiederholung kommt ein neues Bläserthema dazu (III). Nach dessen Ausgestal-

III. Fl. u. Ob.

tung tritt in den Geigen ein neues Gegenthema auf, das deutlich walzerartigen Charakter hat (IV); sogar die ge-

IV.

wohnte Begleitung, die Schläge auf das zweite und dritte Viertel, sind in den Hörnern angedeutet. Wenige Takte anknüpfend an I leiten die eindringlicher gestaltete und variierte Wiederholung der bisher exponierten Gruppen ein, die in grell abwärts eilenden Bläsergruppen ausklingt; noch eine kurze

Koda, hauptsächlich aus der gespensterhaft dahineilenden Triolenfigur gebildet, dann tritt in D dur das Triothema ein (V).

V. Ob.

p dolce espr.

Eine ungemein zarte, liedartige Weise, von den Oboen angestimmt und von leisen Geigen- und Horntrillern getragen, nur einmal von aufschäumenden Streicherpassagen unterbrochen. Die Oboe führt ihren Gesang ruhig zu Ende; abermals erscheinen die Streicherfiguren und nun knüpft sich, aus dem Walzerthema IV entstanden, mit zarten Imitationen beginnend, bis zum ff Pesante anschwellend ein Abgesang (VI). Wieder treten die thematischen Triolen ein;

VI. Br.-Solo.

es folgt eine kurze zart beginnende Episode in Es moll (aus III entstanden) die mit einer aufschreiartig verzerrten Form des Walzers endet.

Daran schließen sich die Pauken- und Pizzikatoschläge des Anfangs, die Reprise beginnt.

Hauptthema und Walzer ziehen in wenig veränderter Form vorüber; darauf (diesmal in B moll) die früher erwähnte Es moll-Episode.

An sie schließt sich plötzlich in D dur „Wild" der Walzer, als kühner Gegensatz dazu in den Baßinstrumenten das Triothema (V) (Höhepunkt des Satzes). Alsbald wird es von der Oberstimme (Geigen und Bläser) ergriffen und zu Ende geführt.

Die Koda beginnt mit dem Thema des Abgesangs (VI), aber die ruhige Linie hört bald auf. In echt Mahlerscher Art erscheinen bald hier, bald dort Motive (Trio und Walzer) von phantastischen Bläserfiguren unterbrochen. Immer aber (die Triolenfigur des Hauptthemas ist ganz fallen gelassen) leuchtet der Walzerrhythmus durch und mit ihm verklingt auch das Stück. Zwei trockene Schläge (Pauke und ein Bratschenakkord) sind der Schluß.

IV. Satz.

(Nachtmusik. F dur, ²/₄, Andante amoroso.)

Zum erstenmal erscheint in diesem Satz eine echte Durstimmung; das erste Licht in der Nacht. Die Gespenster sind schlafen gegangen, der Mond scheint auf den Platz vor dem Brunnen, die große Linde blüht und duftet, und vor dem hochgiebeligen Häuschen steht ein Student mit der Mandoline und singt seiner Herzallerliebsten ein Lied.

Das ganze Stückchen ist in den zartesten Farben gehalten von Eichendorffscher Sommermärchenstimmung durchweht. „Mit Aufschwung" stimmt die Solo-Violine einen immer wiederkehrenden Refrain an (I). Die Klarinette ant-

wortet mit einem glucksenden Motivchen von Fagott, Guitarre und Harfe begleitet (II). Im 4. Takt tritt das Horn mit

seinem zärtlich ständchenartigem Thema ein, das nach 4 Takten von der Oboe weitergeführt wird (III). Dann folgt wieder das Horn nach, der Kehrreim (I) macht einen ersten Ab-

III. Hn.

schluß. Eine neue Fortsetzung (IV) erscheint in den Strei-

IV. Vl. (Tutti)

chern, der Refrain leitet zum Anfangsthema und beschließt es
auch, ein Abgesang folgt darauf (V), der aber zu keinem förm-

V. *Graziosissimo.*

lichen Abschnitt führt, sondern ein zartes Variationenspiel
über das Ständchenthema einleitet. Erst dann wird in
F dur abgeschlossen. In Quinten hintereinander eintretende
Solostreicher (aus dem Motiv III a) malen das Stimmen von
Geigensaiten, eine kleine Phantasie über die Motive von III
führt nach As dur; ein neuer Rhythmus (VI) taucht im Horn

VI. Hn.

auf, aber immer wieder behalten die Motive des Ständ-
chens das Wort ; abermals ertönt das Geigenstimmen. In
B dur erscheint das „Trio", eine ruhige Melodie des Solo-
Violoncello und Horns, ähnlich begleitet wie das Hauptthema.

VI. Vlc. Solo u. Hrn.

p mit Ton.   molto espr.

Sie ist breit angelegt und gelangt auch im weiteren Verlaufe zu leidenschaftlicheren Akzenten (Es moll Mittelteil),
beruhigt sich aber bald.

Der Kehrreim leitet die Wiederholung der ersten Gruppe
ein; der Abgesang (V) ist sehr erweitert und zu einem überschwänglichen Gefühlsausbruch gesteigert. Nach einem
plötzlichen Abbrechen setzen aber wieder die zarten Hauptmotive ein, und als Koda folgt noch ein kurzes anmutiges
Phantasieren; auch das Triomotiv (VI) ist flüchtig angedeutet. Mit den heimlichsten Tönen verklingt der Schluß.

Rondo Finale (C dur, $^4/_4$, Allegro ordinario).

Ein Stück von prachtvollem Glanz; durch seinen Motiven-
reichtum und die komplizierte Anwendung der Variations-
kunst von verwirrender Mannigfaltigkeit.

Die Solo-Pauke (im E moll-Dreiklang gestimmt) fährt
mit einem wirbelnden Rhythmus drein, und gibt sofort den
übermütig lustigen Grundton für das Finale an (I). Hörner,

I. *Allegro ordinario.*
Br.

f mit Bravour.   sfp   sfp   sfp   sfp

dann Holzbläser übernehmen das Motiv; ein Streichereinsatz
(Verkürzung aus V) führt zur Dominante.

In Trompeten und Hörnern ertönt glanzvoll das Hauptthema des Rondos (II). Eine zweite Form (III) in den

II. Tpt.

III. **Str. u. Hnr.**

Streichern begleitet von Bläserläufen (IV) setzt fort und

IV. **Hbl.**

kadenziert in C dur. Ein drittes Motiv (V) und noch ein

V. **Str. u. Bl.**

kräftig rhythmisiertes viertes (VI) schließen sich an und als-

VI.

bald endigt mit rauschenden Bläser- und Streicherpassagen
(VII) die erste Gruppe ff in der Tonika.

VII.

Ein kräftig einsetzender, rasch verklingender Holzbläser-
dreiklang (As dur) leitet unmittelbar zum 1. Seitensatz. Ein
derb rustikales Thema (von den Bläsern angekündigt, von
den Streichern eingeführt), das im weiteren Verlauf durch
liegende Baßquinten und bewegte Mittelstimmen einen dudel-
sackartigen Charakter erhält (VIII). Es ist als dreiteilige

VIII. **Vlc.**

Liedform angelegt und verklingt nach einem Höhepunkt in
As dur. Kräftig setzen Hörner und Trompeten mit Thema
III ein (C dur), dazu in den Streichern die Läufe (IV). In
variierter Form (IX) werden die Motive V und VI ange-

IX. Gemessen, nicht schnell.

deutet; dann beginnt (in C dur) der zweite Seitensatz (X),

X. Cl. u. Fl.

begleitet von den rhythmischen Achtelfiguren von IX. Diese
im Verein mit Thema V beenden diese Gruppe. Abermals
tritt im Blech das Hauptthema ein, das sehr kurz und in
variierten Formen zu Ende geführt ist. Unmittelbar daran
knüpft sich eine lange Durchführung der exponierten drei
Themengruppen. Man müßte nun Gruppe für Gruppe, Takt
für Takt analysieren, um alle thematischen Variationen, alle
Kombinationen der einzelnen Gruppen erschöpfend darzu-
stellen. Das Bild würde verwirrend, statt verdeutlichend. Es
mag also genügen, wenn die wichtigsten Umrisse gegeben
werden.

„Gemessener" wird zunächst der erste Seitensatz (VIII)
durchgeführt, gleichzeitig V. Angedeutet erscheint auch
X. Aus den betonten Halben des zweiten Seitensatzes entwickelt sich langsam eine neue Form (XI), eine Kombination
aus X und V.

XI. Str.

ff   sf   dim.

Gleichzeitig mit ihrem Auftreten geht die Durchführung der Hauptgruppe (III und IV) vor sich. Nach einer gewaltigen Steigerung tritt Beruhigung ein: noch einmal wird auf den Anfang der Durchführung zurückgegriffen (A moll), dann erfolgt in A dur der Eintritt des zweiten Seitensatzes: erst in ruhiger Form, später (Des dur) immer mehr von thematischen Gegenstimmen umspielt. Ein Streicherunisono nimmt XI in einer neuen Form auf (XI a), die nunmehr fest-

XI a.

ff fließend

gehalten wird. Immer rauschender werden die Streicherläufe und münden schließlich in eine abwärts stürmende Des dur-Skala. Plötzlich setzt in den Bläsern das Hauptthema ein (II), dazu ertönen als Gegensätze die Rhythmen von X und XII. Die Steigerung geht immer weiter, bis endlich auf dem Höhepunkt (A dur), I (in der Pauke), II. und V. durcheinanderklingen. Darauf folgt eine kühne Kombination von VI, X (in Verkürzung) und II (in Andeutung), so daß also in konzentriertester Form in wenigen Takten die Hauptthemen des Stückes vereinigt sind. Aus diesen Kombinationen ringen sich die springenden Rhythmen von VI los im Baß begleitet von V, die Bläserläufe (IV) leiten die Repetition des ersten Seitensatzes in Ges dur ein.

Er ist breiter ausgestaltet als das erste Mal und erhält gegen Ende marschartigen Charakter. Nach seinem Verklingen deuten die Blechbläser, begleitet von starkem Glockenläuten, das Hauptthema an (B dur), dann werden die Streicherläufe (XI a) unterstützt von derben Akzenten der großen Trommel mit Becken wieder aufgenommen und werden ähnlich wie das erstemal bis zu der abwärts eilenden Skala (Ges dur) gesteigert. Andeutungsweise tritt der zweite

Seitensatz (Trompeten und Posaunen) ein (X), der bald
wieder zur Bildung einer festeren Gruppe verwendet
wird, an welcher auch der Hauptsatz (II) in zarter und
lustiger Form, rhythmisch verschoben (Piston-Solo) beteiligt
ist („Graziosissimo, beinahe Menuett").

Wieder beginnt das leicht hüpfende Streicherthema
(XI a) pp, wird mit Hilfe von XI (Baßinstrumente) gesteigert, unter leisem Glockengeläute erscheint in den Tenor-
instrumenten das Hauptthema (I in D dur). Der Quartenschritt des Anfangs wird dazu benutzt um organisch in D moll
(f in den Hörnern) das Hauptthema des ersten Satzes daran
zu knüpfen. Aus Thema XIa ist eine neue Form entstanden die nunmehr als Gegensatz dazutritt (XI b). In
XI b. Viol.

Cis moll wiederholen in ausgebreiteter Form die Hörner das
Hauptthema des ersten Satzes, dann ergreifen es die Violinen (C moll), während die Vergrößerung von XI b und V
dazu kontrastieren. Nach einem heftigen Anschwellen folgt
ein abermaliges Beginnen vom p an, nochmals werden die
zuletzt genannten Motivgruppen (in Des dur) zur Höhe geführt. Eine kurze Episode in C dur gebildet aus X und XI
tritt beruhigend dazwischen, abwärts stürmende Bläserläufe
und ein kräftiger Orchesterschlag kündigen den letzten
Teil an.

„Etwas feierlich. Prachtvoll" beginnen zum letzten Mal
Blech und Holzbläser, unterstützt von dem wirbelnden
Paukenrhythmus das Hauptthema; kurz schließen sich noch
die anderen Motive der ersten Gruppe daran (auch XI b ist
noch dabei), dann wird in gewaltiger Steigerung das Hauptthema des ersten Satzes wieder eingeführt, und mit einer
brausenden Apotheose geht das Finale und damit die Symphonie zu Ende.

Gustav Mahler

VIII. Symphonie in Es dur

(Uraufführung: 12. September 1910 in München unter Mahlers Leitung.)

Seitdem Beethoven in seiner 9. Symphonie den Versuch gemacht hatte, der bis dahin rein instrumentalen Kunstform einen vokalen Höhepunkt zu geben, drängte die Entwicklung der Symphonie immer zwingender nach einer Ergänzung des Tones durch das Wort: ein prägnantes Beispiel aus neuerer Zeit bietet der Schluß von Liszts Faustsymphonie, wo sich aus dem Orchester der Chorus mysticus loslöst. Gustav Mahlers 8. Symphonie schließt mit den gleichen Faustworten, aber Mahler war ungleich kühner als Liszt: er wagte es, zum ersten Male die Bezeichnung „Symphonie" auf ein Tongedicht anzuwenden, das durchaus v o k a l e n Charakter trägt. Früher hätte man ein solches Werk wohl „Cantate" genannt; was jedoch die Mahlersche Symphonie von der Cantate unterscheidet, ist ihre merkwürdige Eigenschaft, zugleich auch wirklich symphonisches Werk zu sein, so daß man etwa von einer „Symphonie mit obligaten Singstimmen" sprechen könnte. Nicht als ob die Singstimmen in der Art gewisser Hypermoderner gegen ihre wahre Natur instrumental behandelt wären. Trotz gewaltiger Anstrengungen, die ihnen hier zugemutet werden, erscheinen sie stets sinnvoll geführt; die rein orchestralen Partien treten zwar gegen den Vokalpart zurück aber doch hat man das Gefühl, daß die gewaltigen Orchester- und Chormassen nur eine höhere Einheit bilden. Es „klingen zusammen" die Menschen- und Instrumentenstimmen zum Ausdruck e i n e r erhabenen Idee, die sich in dieser eigentümlichen „Symphonie" darstellt. Welcher Art diese Idee sei, erkennen wir sofort, wenn wir ihren dichterischen Ausdruck betrachten. Das, was Mahler einmal im Hinblick auf seine 2. Symphonie äußerte, gilt im höchsten Maße für seine 8. Symphonie: „Wenn ich ein großes musikalisches Gemälde koncipiere, komme ich immer an den Punkt, wo ich mir das Wort als Träger meiner musikalischen Idee heranziehen muß. So ähnlich muß es Beethoven bei seiner Neunten ergangen sein; nur daß ihm die Zeit damals noch nicht die geeigneten Materialien dazu liefern konnte — denn im Grunde ist das Schillersche Gedicht nicht im Stande, das Unerhörte, was ihm im Sinne lag, zu formulieren."

Um wiederum „Unerhörtes" durch das vertonte Wort auszudrücken, griff nun Mahler in diesem, den Gipfelpunkt seines Schaffens bedeutenden Werke zu dem herrlichsten, was die Poesie in Jahrtausenden geschaffen. Dem ersten Teil seiner Symphonie liegt der von dem Mainzer Erzbischof Hrabanus Maurus (776—856) zu Ehren des heiligen Geistes gedichtete Hymnus „Veni creator spiritus" zu Grunde, während der zweite Teil sich an Goethes allerletzte Faustszene anschließt. Zur Erfassung der Grundidee des Werkes wird es gut sein, sich zunächst einmal mit den Dichtungen vertraut zu machen. Zum Verständnis derer, die des Lateinischen nicht kundig sind, gebe ich den Hymnus in der poetischen Übersetzung Luthers. Die Faustszene erscheint nach Goethes Wortlaut unter Bezeichnung der von Mahler aus musikalischen Gründen vorgenommenen Auslassungen und Abweichungen.

I.

Komm, Gott Schöpfer, heiliger Geist,
Besuch das Herz der Menschen dein,
Mit Gnaden sie füll, wie du weißt,
Daß dein Geschöpf vorhin sei.

Denn Du bist der Tröster genannt,
Des Allerhöchsten Gabe teur,
Ein geistlich Salb, an uns gewandt,
Ein lebend Brunn, Lieb und Feur.

Zünd uns ein Licht an im Verstand,
Gib uns ins Herz der Liebe Brunst,
Das schwach Fleisch in uns, Dir bekannt,
Erhalt fest Dein Kraft und Gunst.

Du bist mit Gaben siebenfalt
Der Finger an Gottes rechter Hand;
Des Vaters Wort gibst Du gar bald
Mit Zungen in alle Land.

Des Feindes List treib von uns fern,
Den Fried schaff bei uns Deine Gnad,
Daß wir Dei'm Leiten folgen gern
Und meiden der Seele Schad.

Lehr uns den Vater kennen wohl,
Dazu Jesum Christ, sein Sohn,
Daß wir des Glaubens werden voll,
Dich, beider Geist, zu verstohn.

Gott Vater sei Lob und dem Sohn,
Der von den Toten auferstund,
Dem Tröster sei dasselb getan
In Ewigkeit alle Stund.

II.

Bergschluchten, Wald, Fels, Einöde.

Heilige Anachoreten gebirgauf verteilt, gelagert zwischen
Klüften.

Chor. Waldung, sie schwankt heran,
      Felsen, sie lasten dran,
      Wurzeln, sie klammern an,
      Stamm dicht an Stamm hinan,
      Woge nach Woge spritzt,
      Höhle, die tiefste, schützt;

Löwen, sie schleichen stumm-
Freundlich um uns herum,
Ehren geweihten Ort,
Heiligen Liebeshort.

Pater ecstaticus (auf- und abschwebend).

Ewiger Wonnebrand,
Glühendes Liebeband,
Siedender Schmerz der Brust,
Schäumende Gotteslust.
Pfeile, durchdringet mich,
Lanzen, bezwinget mich,
Keulen, zerschmettert mich,
Blitze, durchwettert mich;
Daß ja das Nichtige
Alles verflüchtige,
Glänze der Dauerstern,
Ewiger Liebe Kern!

Pater profundus (tiefe Region).

Wie Felsenabgrund mir zu Füßen
Auf tiefem Abgrund lastend ruht,
Wie tausend Bäche strahlend fließen
Zum grausen Sturz des Schaums der Flut,
Wie strack, mit eignem kräftigen Triebe,
Der Stamm sich in die Lüft trägt:
So ist es die allmächtige Liebe,
Die alles bildet, alles hegt.

Ist um mich her ein wildes Brausen,
Als wogte Wald und Felsengrund!
Und doch stürzt, liebevoll im Sausen,
Die Wasserfülle sich zum Schlund,
Berufen gleich das Tal zu wässern;
Der Blitz, der flammend niederschlug.
Die Atmosphäre zu verbessern,
Die Gift und Dunst im Busen trug:

Sind Liebesboten, sie verkünden,
Was ewig schaffend uns umwallt.
Mein Innres mög' es auch entzünden,
Wo sich der Geist, verworren, kalt,

Verquält in stumpfer Sinne Schranken
Scharfangeschloss'nem Kettenschmerz.
O Gott! beschwichtige die Gedanken,
Erleuchte mein bedürftig Herz!

— — — — — — — — —

— — — — — — — — —

Chor seliger Knaben (um die höchsten Gipfel kreisend).

> Hände verschlinget
> Freudig zum Ringverein,
> Regt euch und singet
> Heil'ge Gefühle drein!

> Göttlich belehret,
> Dürft ihr vertraun;
> Den ihr verehret,
> Werdet ihr schaun.

Engel (schwebend in der höheren Atmosphäre, Faustens Unsterbliches tragend).

> Gerettet ist das edle Glied
> Der Geisterwelt vom Bösen:
> Wer immer strebend sich bemüht,
> Den können wir erlösen;

> Und hat an ihm die Liebe gar
> Von oben teilgenommen,
> Begegnet ihm die selige Schar
> Mit herzlichem Willkommen.

Die jüngeren Engel. Jene Rosen, aus den Händen
Liebend-heiliger Büßerinnen,
Halfen uns den Sieg gewinnen,
Und das hohe Werk vollenden,

Diesen Seelenschatz erbeuten.
Böse wichen, als wir streuten,
Teufel flohen, als wir trafen.
Statt gewohnter Höllenstrafen

Fühlten Liebesqual die Geister;
Selbst der alte Satans-Meister
War von spitzer Pein durchdrungen.
Jauchzet auf! es ist gelungen.

Die vollendeteren Engel. Uns bleibt ein Erdenrest
       Zu tragen peinlich,
       Und wär' er von Asbest,
       Er ist nicht reinlich

       Wenn starke Geisteskraft
       Die Elemente
       An sich herangerafft,
       Kein Engel trennte

       Geeinte Zwienatur
       Der innigen beiden;
       Die ewige Liebe nur
       Vermag's zu scheiden.

Die jüngeren Engel. Nebelnd um Felsenhöh'
       Spür ich so eben,
       Regend sich in der Näh',
       Ein Geisterleben.

       Die Wölkchen werden klar;
       Ich seh' bewegte Schar
       Seliger Knaben,
       Los von der Erde Druck,

Im Kreis gesellt,
Die sich erlaben
Am neuen Lenz und Schmuck
Der obern Welt.
Sei er zum Anbeginn,
Steigendem Vollgewinn
Diesen gesellt!

Die seligen Knaben. Freudig empfangen wir
Diesen im Puppenstand;
Also erlangen wir
Englisches Unterpfand.
Löset die Flecken los,
Die ihn umgeben!
Schon ist er schön und groß
Von heiligem Leben.

Doctor Marianus (in der höchsten, reinlichsten Zelle).

Hier ist die Aussicht frei,
Der Geist erhoben,
Dort ziehen Fraun vorbei,
Schwebend nach oben;
Die Herrliche mittenin
Im Sternenkranze,
Die Himmelskönigin,
Ich seh's am Glanze. (Entzückt.)
Höchste Herrscherin der Welt!
Lasse mich im blauen
Ausgespannten Himmelszelt
Dein Geheimnis schauen!
Billige, was des Mannes Brust
Ernst und zart beweget
Und mit heiliger Liebeslust
Dir entgegen träget!
Unbezwinglich unser Mut,
Wenn du hehr gebietest;
Plötzlich mildert sich die Glut,
Wie du uns befriedest.

X.   11

Jungfrau, rein im schönsten Sinn,
Mutter, Ehren würdig,
Uns erwählte Königin,
Göttern ebenbürtig.

— — — — — — — — — —

— — — — — — — — — —

[**Chor:**] Dir, der Unberührbaren
Ist es nicht benommen,
Daß die leicht Verführbaren
Traulich zu dir kommen.

In die Schwachheit hingerafft,
Sind sie schwer zu retten;
Wer zerreißt aus eigner Kraft
Der Gelüste Ketten?

Wie entgleitet schnell der Fuß
Schiefem, glattem Boden?
Wen betört nicht Blick und Gruß,
Schmeichelhafter Odem?

Mater gloriosa schwebt einher.

Chor der Büßerinnen. Du schwebst zu Höhen
Der ewigen Reiche,
Vernimm das Flehen,
Du Ohnegleiche!
Du Gnadenreiche!

Magna peccatrix (St. Lucae VII, 36).

Bei der Liebe, die den Füßen
Deines gottverklärten Sohnes
Tränen ließ zum Balsam fließen,
Trotz des Pharisäer-Hohnes;

Beim Gefäße, das so reichlich
Tropfte Wohlgeruch hernieder;
Bei den Locken, die so weichlich
Trockneten die heiligen Glieder —

Mulier Samaritana (St. Joh. IV).

Bei dem Bronn, zu dem schon weiland
Abram ließ die Herde führen;
Bei dem Eimer, der dem Heiland
Kühl die Lippe durft' berühren;
Bei der reinen reichen Quelle,
Die nun dorther sich ergießet,
Überflüssig, ewig helle,
Rings durch alle Welten fließet —

    Maria Aegyptiaca (Acta Sanctorum).

Bei dem hochgeweihten Orte,
Wo den Herrn man niederließ,
Bei dem Arm, der von der Pforte
Warnend mich zurücke stieß;

Bei der vierzigjährigen Buße,
Der ich treu in Wüsten blieb;
Bei dem seligen Scheidegruße,
Den im Sand ich niederschrieb —

    Zu drei. Die du großen Sünderinnen
Deine Nähe nicht verweigerst,
Und ein büßendes Gewinnen
In die Ewigkeiten steigerst,

Gönn' auch dieser guten Seele,
Die sich einmal nur vergessen,
Die nicht ahnte, daß sie fehle,
Dein Verzeihen angemessen!

Una Poenitentium (sonst G r e t c h e n genannt. Sich an-
schmiegend).

        Neige, neige,
      Du Ohnegleiche,
      Du Strahlenreiche,
      Dein Antlitz gnädig meinem Glück!

      Der früh Geliebte,
      Nicht mehr Getrübte,
      Er kommt zurück.

Selige Knaben (in Kreisbewegung sich nähernd).

> Er überwächst uns schon
> An mächtigen Gliedern,
> Wird treuer Pflege Lohn
> Reichlich erwidern.

> Wir wurden früh entfernt
> Von Lebechören;
> Doch dieser hat gelernt:
> Er wird uns lehren.

Die eine Büßerin (sonst G r e t c h e n genannt).

Vom edlen Geisterchor umgeben,
Wird sich der Neue kaum gewahr,
Er ahnet kaum das frische Leben,
So gleicht er schon der heiligen Schar.
Seht, wie er jedem Erdenbande
Der alten Hülle sich entrafft,
Und aus ätherischem Gewande
Hervortritt erste Jugendkraft!
Vergönne mir, ihn zu belehren!
Noch blendet ihn der neue Tag.

Mater gloriosa.

Komm! hebe dich zu höhern Sphären!
Wenn er dich ahnet, folgt er nach.

Doctor Marianus (auf dem Angesicht anbetend).

> Blicket auf zum Retterblick,
> Alle reuig Zarten,
> Euch zu seligem Geschick
> Dankend umzuarten!

> Werde jeder bess're Sinn
> Dir zum Dienst erbötig;
> Jungfrau, Mutter, Königin,
> Göttin, bleibe gnädig!

Chorus mysticus.

Alles Vergängliche
Ist nur ein Gleichnis;
Das Unzulängliche,
Hier wird's Ereignis;

Das Unbeschreibliche,
Hier ist es getan;
Das Ewig-Weibliche
Zieht uns hinan.

Der innere Zusammenhang dieser beiden Dichtungen, die
äußerlich so wenig gemeinsames zu haben scheinen, ist
wohl klar geworden: jener schöpferische Geist der Liebe,
den der Hymnus so inbrünstig herbeisehnt, offenbart sich in
Goethes Dichtung welterlösend. Hinausgehoben über das
enge Gebiet des Konfessionellen, das, wie „alles Vergängliche", „nur ein Gleichnis" ist, thront die jungfräuliche
Gottesmutter, das Urbild des Ewigen im Weiblichen, **als**
höchste Herrscherin der Welt, ein Symbol des schöpferischen
Geistes der Liebe, der „amor" und „caritas" in sich vereint.

Dieser Grundgedanke ist nun vom Tondichter besonders betont durch die thematische Einheit des Werkes,
dessen Hauptthemen in b e i d e n Teilen an entscheidender
Stelle auftreten; zwei entsprechende Episoden wiederholen
sich sogar zu verschiedenen Worten musikalisch fast genau.
Dieser thematischen Einheit, die sich auf verhältnismäßig
wenige, aber plastische Hauptthemen beschränkt, steht
die tonale zur Seite: es gibt wohl wenige neuere sym-
phonische Werke von solchem Umfang, die ihre Haupttonart derart entschieden festhalten, wie die 8. Symphonie
von Gustav Mahler. Und so erscheint das Werk formell
als überaus klar und übersichtlich, trotz des gewaltigen
orchestralen und vokalen Aufwandes, der jedoch durchaus
dem überwältigenden Stoff entspricht. Mahler verwendet:
Piccolo (mehrfach, mindestens 2fach besetzt), 4 Flöten,
4 Oboen, Englisch Horn, Es-Klarinette (mehrfach, mindestens
2fach besetzt), 3 Klarinetten, Baßklarinette, 4 Fagotte. Con-

trafagott, 8 Hörner, 4 Trompeten, 4 Posaunen, Baßtuba, 3 Pauken, große Trommel, Becken, Tamtam, Triangel, tiefe Glocken, Celesta, Harmonium, Orgel, 2 Harfen (mehrfach besetzt) Mandoline, Streicher, sowie (isoliert postiert) 4 Trompeten und 3 Posaunen. An Singstimmen werden gefordert: 2 Soprane (Magna Peccatrix, Mater gloriosa, Una poenitentium), 2 Alte (Mulier Samaritana, Maria Aegyptiaca), Tenor (Doctor Marianus), Bariton (Pater ecstaticus). Baß (Pater profundus), Knabenchor und 2 vierstimmige gemischte Chöre.

Die nachfolgende, knapp gehaltene Erläuterung beabsichtigt nicht, den komplizierten technischen Bau des Werkes im einzelnen zu analysieren, was durchaus der dem Verfasser gegenüber einmal kundgegebenen Meinung Mahlers über die Zweckmäßigkeit solcher Analysen widerspräche, sondern will lediglich den lebendigen Genuß des Werkes dadurch fördern, daß dem Hörer die Hauptthemen vor Augen geführt werden. Im übrigen dürfte der aufmerksame Leser der D i c h t u n g ohne jede weitere Erläuterung auch den m u s i k a l i s c h e n Teil des Werkes erfassen. Es empfiehlt sich, diese Analyse nicht während der Aufführung selbst — bei der nach Mahlers Intention die Aufmerksamkeit vom Werke nicht abgelenkt werden soll — sondern v o r der Wiedergabe der einzelnen Teile zu lesen und sich weiterhin nur noch an den Text der Dichtung zu halten.

I.

Ohne Vorspiel setzt sogleich das Hauptthema des gesamten Werkes ein, die Sehnsucht des Menschen nach dem schöpferischen Geist in sich schließend:

I.

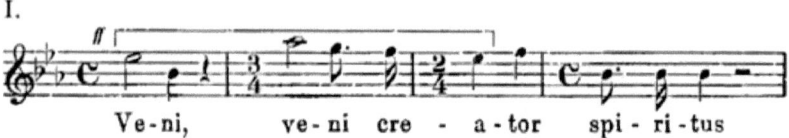

Ve - ni,   ve - ni cre - a - tor   spi - ri -tus

Rhythmisch verändert erscheinen die eingeklammerten Noten in folgendem, später gleichfalls vielfach in beiden Teilen verwendetem Motiv:

II.

Aus einer als Kontrapunkt zum ersten Thema eingeführten Violinfigur:

III. Viol.

entwickelt sich das Thema „Qui Paraclitus diceris" (Denn Du bist der Tröster genannt) in As dur.

Ein weiteres wichtiges Thema erscheint zu den Worten:

IV. Sopr.-Solo

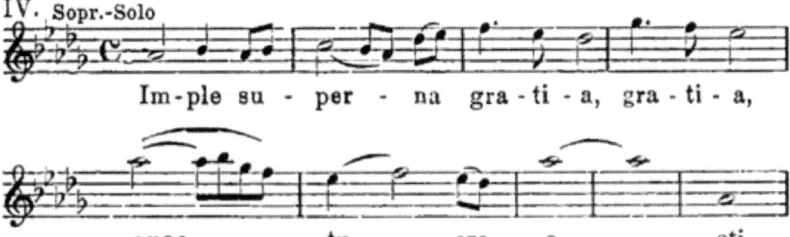

(„Mit Gnaden sie füll"). Diese Episode tritt dann im zweiten Teile des Werkes auf zu den Worten: „Er ahnet kaum das frische Leben, so gleicht er schon der heil'gen Schar". Bitte und Erfüllung entsprechen sich musikalisch.

Auch die nächste thematisch neue Episode, die zu den Worten „Infirma nostri corporis" (das schwache Fleisch in uns) eintritt, wird so in gleicher Weise auf den zweiten Teil gedeutet. Die Musik erscheint dort zu den Worten: „Uns bleibt ein Erdenrest, zu tragen peinlich".

V. Alt u. Tenor (Chor)

Zuerst vom Solo-Alt, den später die „Mulier Samaritana" übernimmt, wird ein Thema vorgetragen, das nach
einem durch starken Taktwechsel ausgezeichneten Instrumentalzwischenspiel (aus Notenbeispiel II entwickelt) nochmals in D dur vom Soloquintett gebracht wird.

VI. Alt-Solo.

In - fir - mans vir - tu - - te

Nach dieser zarten Episode geht es plötzlich leidenschaftlich nach E dur. Ein großes Unisono aller Soli und Chöre
trägt die inbrünstige Bitte vor:

VII. *unisono*

Ac- cen - de, ac-cen-de lu - men sen - si - bus

(„Zünd' uns ein Licht an"). Die eingeklammerten Noten gelangen im weiteren Verlauf des Werkes als Instrumental-
motive zu höchster Bedeutung.

Die Bitte um Vertreibung des Feindes („Hostem repel-
las") — zu beachten die den Singstimmen „feindlichen" Intervalle — führt zurück nach Es dur (Notenbeispiel II. „ductore
praevio", „daß wir dei'm Leiten folgen gern"), dessen Dominante ein zunächst vom Knabenchor eingeführtes neues
Thema bringt:

VIII.

Tu sep - ti-for-mis di - gi - tus pa - ter-nae, pa-

ter - nae dex - te - rae

(„Du bist, mit Gaben siebenfalt").

Dieses Thema, das dann in den Baß übergeht, wird im
Knabenchor späterhin kontrapunktiert vom Thema I.
Über A dur, Des dur (eigentlich Cis dur) und E dur, die kurz
berührt werden, erreicht die Modulation wiederum auf
einem großen Orgelpunkt über B die Haupttonart Es dur,
(unter hauptsächlicher Verwendung der Notenbeispiele I, II.
IV, VII und VIII) und es tritt dann in gewaltiger Steigerung eine Wiederholung des Anfangs („Veni, creator spiritus")
ein, die unter steter Verwendung der genannten Motive zu
neuen großartigen Themenkombinationen führt. In As dur,
der Unterdominante der Haupttonart, bringt schließlich, von
den isolierten Blechbläsern unterstützt, der Knabenchor das
aus Notenbeispiel VII entwickelte Gloria-Thema („Gott Vater
sei Lob"), das glanzvoll den ersten Teil beschließt und zugleich auf den zweiten Teil der Symphonie bedeutungsvoll
hinweist.

IX. Knabenchor.

Glo - ri - a,   in sae-cu - lo-rum sae-cu-la Pa-tri

II.

Der zweite Teil beginnt in der correspondierenden Tonart Es moll mit einem düsteren Instrumentalvorspiel, dessen
erstes Baßthema

X. Bässe.

sich als Umformung des Themas VII erweist. Das zweite
Thema, zunächst in As dur auftretend, erhält später die
Worte untergelegt: „Ewiger Wonnebrand, glühendes Lie-
besband".

XI. Str. u. Hbl.

Das dritte Thema des Vorspiels:

XII. VI.

kehrt wieder bei der Naturschilderung „Ist um mich her ein
wildes Brausen". Beide Themen werden kombiniert. Als
letztes Instrumentalthema wird von den Holzbläsern der Chor
der jüngeren Engel („Ich spür' soeben, nebelnd um Felsenhöh, ein Geisterleben, regend sich in der Näh") eingeführt.

XIII. Hbl.

Der Anfang des ersten Chores („Waldung, sie schwankt
heran") wird vom Baßthema X begleitet. Wiederum tritt
instrumental Thema XI auf, dann folgt der Chor:

„Löwen, sie schleichen stummfreundlich um uns herum"
(Thema X). Der Gesang des Pater ecstaticus beginnt mit
dem früher nur instrumental gebrachten Thema XI, der Gesang des Pater profundus mit dem gleichfalls im Vorspiel
erschienenen Thema XII. In diesem Gesang erscheint mehrfach eine vokale Phrase (zuerst bei den Worten: „so ist es
die allmächt'ge Liebe"), die dem zweiten (durch Klammer
bezeichneten) Teil des „Gloria" (IX) entspricht. Thema XI
und XII beherrschen im übrigen den Gesang. Ein Chor der
Engel (H dur) nimmt das Gloriathema wieder auf, dem sich
ein neues Reigenmotiv im Knabenchor verbindet:

XIV. Knabenchor.

Hän - de, ver-schlinget euch, freu-dig   zum Ringver-

ein, regt euch und sin - get   heil' - ge Ge - füh - le drein!

Den Chor der jüngeren Engel („Jene Rosen") begleitet ein zartes Motiv der Holzbläser:

XV. Fl., Ob.

Wiederum erscheint die Haupttonart Es dur, in der auch ein von Thema VII in den Trompeten eingeleitetes Instrumentalzwischenspiel enthalten ist, das nach D moll führt. In dieser Tonart singen die jüngeren Engel: „Uns bleibt ein Erdenrest" (V). Die „Elemente" werden durch Thema XII charakterisiert. Der Es moll-Gesang der Engel („Ich spür soeben") geht auf Thema XIII. Dem Gesang des „Doctor Marianus" vereint sich der Knabenchor mit dem Reigenthema XIV. Der ecstatische Ausbruch „Höchste Herrscherin der Welt" ist melodisch der zweiten Hälfte des Themas VII nachgebildet und weist zugleich auf das ebenfalls zuerst in E dur (nach einem Es dur-Zwischenspiel) auftretende Thema der Mater gloriosa hin:

XVI.

Der Anbetung der Madonna durch die Frauen liegt immer wieder dieses holdselige Thema zu Grunde (die beiden ersten Takte, insbesondere der Sextensprung werden vielfach verwendet). Kurz vor dem Dreigesang der Frauen in C dur erklingt das Thema XV begleitend. Auch Gretchens Gesang in D dur („Neige, neige") beginnt mit dem Madonnenthema, das schließlich im Orchester als Kontrapunkt

zu dem Knabenchor „Er überwächst uns schon" auftritt.
Der weitere Gesang Gretchens („Er ahnet kaum") ent-
spricht dem Thema IV. Die Worte der Mater gloriosa (Es dur,
„Komm") werden in den Bässen von deren Thema begleitet
(XVI). Ein neues hymnenartiges Motiv erscheint zu dem
Gesange des Doctor Marianus („Blicket auf"):

XVII.
Fl., Ob. u. Kl.

etc.

und geht später in den Knabenchor über. Nach einem leisen,
gehaltenen Orchesterzwischenspiel setzt der Chorus mysticus ein,

XVIII. Chorus mysticus.

Al-les Ver-gäng-li-che ist nur ein Gleich-nis;

dem sich das Madonnenthema (XVI) verflicht. Zum gewaltigen
Abschluß bringt die Orgel in breiten ganzen Noten das
allererste Hauptthema, dessen erhabene Töne den giganti-
schen Bau des Werkes krönend abschließen.

Dr. Edgar Istel.